JN261838

NORSKE TRADISJONELLE TØMMERHUS
ノルウェーの木造民家
[丸太組積造の世界]

長谷川清之

井上書院

はじめに

調査・研究の目的と経緯

　私が本格的に北欧の民家と関わったのは，フィンランドの民家調査を始めた1984年である。その前年，在職中の大学から1年間の海外研修の時間を得，イタリア，ギリシャの古典建築や街を見て回った後，レンタカーで25日間スペインの民家を見て回り，民家と風土の関係を体感し，その上で西ヨーロッパを徐々に北上した。
　1984年4月に最終目的地のフィンランドに入り，首都ヘルシンキで約半年間アパート住まいをし，その間ラップランドまでの行き来を繰り返し，この国の民家調査を行った。

　日本には，古来豊富な木材資源を背景に発展してきた，優れた木造建築がある。
　やはり木材資源が豊かな北欧の木造建築は，日本のそれと共通するのか，どう違うのか。特に，生活の基盤であった民家に関して，その空間はどのようなもので，生活との関係はいかなるものなのか，それらを明らかにしたい。
　こうしたことが当時の調査の目的でした。結果として，日本と同じ木の文化の国でありながら，フィンランドの民家は，柱・梁で構成する軸組構法ではなく，木材を水平に組み，積み上げて壁を構成する組積構法のみで造られていることを知り，それがすべてであることに驚きもしました。
　さらに，住居棟の主室一室の内に，複数の領域が在り，その境界に象徴としての「棚」，つまり「しきり」の存在を発見しました。この調査で得たことをベースに，その後の研究を整理して『フィンランドの木造民家』（井上書院，1987年刊）として発表しました。この「しきり」の存在を見い出したことにより，さらに北欧の民家への関心が深まっていきました。
　しかし，その後，北欧へ出かける機会が得られず，一時，日本に存在する丸太組積構法としての校倉や蒸籠倉の調査をしていました。
　1994年から，北欧民家調査を再開しました。その当時から，民家の造り方・構法にもまして，その空間，そこでの生活のあり方に関心が移り，調査研究の目的の比重もそちらが強くなりました。
　夏の1ヵ月半，長くて3ヵ月間，スウェーデン，ノルウェーの調査行を繰り返しました。スウェーデンには，南部に軸組構法が存在し，さらにフィンランドとは違う「しきり」の存在を確認することができました。その結果を『スウェーデンの木造民家』として，2006年（井上書院）に出版いたしました。
　それまでの調査を通して，ノルウェーには，フィンランドやスウェーデンの民家とは違う平面プランが存在するのは見えてきていましたが，その意味合いを確認するため，2007年6月13日から約2ヵ月間，ノルウェーのみをレンタカーで8,000キロほど走り調査をしました。

調査の対象と方法

　21世紀の現代，17，18世紀に造られたままの家で生活している人はまずいません。建物はそうであっても，内部には何らかの手が加えられており，これは日本でも同様である。
　しかし北欧の国々には，首都にある大きな野外博物館だけでなく，各地にその地域の特徴を備えた民家が大切に，そして誇りをもって保存されている。こうしたことには国々の歴史が関係し，民族のアイデンティティー

の発掘と維持の意識が深く関わっているのを感じる。

　ノルウェーでは，地方へ行っても，主屋1棟だけでなく付属棟も合わせ，その地方の農場の建物配置のあり方も含め保存している。内部には，当時の家具があるべき場所に置かれ，その当時の生活がわかるように配慮し保存されている。

　私が調査対象としたのは，それら各地に保存維持された民家である。それらの建物の実測図面は，作られていなかったりすることが多いが，ノルウェーは比較的揃っている。しかし，家具まで描き込んだ図面は少なく，学芸員に私の野帖を見せると，そこまで描いた図面はないと，詫びを言われたりもした。私は，平面プランを実測する際には，必ず家具も描き込む。そのことによって，そこでのかつての生活が見えてくる。

　鉄道網の少ない北欧では，それらの民家を訪ねて回るのには車がなくては困難である。調査するのは現地の夏の期間，5月下旬ないし6月初旬から8月初旬までで，冬は走行が困難ということもあるが，8月の初旬を過ぎると野外の施設はすべて閉まってしまう。

　私は，首都でレンタカーを手配し，現地で手に入れた「美術館・野外博物館」のガイドブックと道路地図を頼りに走る。常に一人で，一回に4〜5,000キロを走る。訪ねた先でさらに別なものが見つかったりもするので，宿の予約はしないで着いた村で探す。

　目的地に着くと，大きな所では学芸員に，小さな所では番をしている人などに事情を伝え，実測と写真撮影の許可を得る。どこでも人々の親切な対応に出会い，実測作業をしていると，現地の人々から，当時の生活についてのさまざまな話を聞くこともできる。

　私の調査・研究は，現地での空間体験と実測調査による，民家との対話を基本にしている。

　なお，本書に掲載した写真は，全て筆者が現地で撮影したものである。第Ⅲ部の平面図は，私自身が実測し図面化したものであり，他の図面も資料や実測をもとに私が描き起こした。
　文中のノルウェー語のカタカナ表記は，ノルウェー王国大使館の確認を得て使用した。

「丸太組積構法」および「木材組積構法」の用語について

　1987年に出版した『フィンランドの木造民家』では，フィンランド民家の構法を表現するにあたり，日本における同様な構法である「校倉」や「蒸籠倉」と表記すると不都合があり，誤解を生ずるおそれもあるので，「丸太組積造」あるいは「丸太組積構法」とした。

　しかし，スウェーデンでは，民家の壁を構成しているのは，丸太材だけでなく板材も使われているので，2006年出版の拙著『スウェーデンの木造民家』では，より幅広い意味を含め「木材組積構法」と表現している。

　ノルウェーの民家には，この構法で壁を構成する部材に板を使う例は，私の知る限り見られない。壁の部材の断面がどのように加工されようとも，それは必ず丸太の中心を残した心持ち材である。それ故に，この構法の特徴をより強く表現するのには，「丸太組積構法」が相応しいと考えた。そこで以下には，「丸太組積構法」と表記する。

目次

はじめに ———————— 2

I 風土と歴史 ———————————————————— 7

01 民族と歴史 ———————————————— 9
民族と言語 ———————————— 9
歴史 ———————— 9

02 植生と生業 ———————————————— 12
風土 ———————— 13
植生 ———————— 16
生業 ———————— 17

03 各種遺構 ———————————————— 20
ロングハウス ———————— 20
ヴァイキング船 ———————— 23
スターヴチャーチ ———————— 24

II 農場と建物 ———— 27

01 構法と配置 ———— 29
- 構法 ———— 29
- 主屋と付属屋 ———— 30
  - 分棟型式 ———— 30
  - 付属屋 ———— 31
- 建物配置 ———— 38
  - 建物配置の5つの型 ———— 40

02 主屋の構造と平面 ———— 41
- 構造 ———— 41
  - 主屋各部 ———— 41
  - 屋根架構の3つの型 ———— 46
- 平面プラン ———— 48
  - 平面プランの6つの型 ———— 49
  - 平面プランの特徴 ———— 51

03 主屋の空間的特徴 ———— 53
- 主室内部空間 ———— 53
  - 内向きの世界—家族の空間 ———— 53
  - 光とあかり ———— 54
  - 家族の座の位置 ———— 56
  - 天井下子ども部屋の存在 ———— 57
  - 禁忌の表現 ———— 58
- 主室における領域と境界 ———— 59
  - 領域設定の存在 ———— 59
  - 他者との関係—「歓待」の精神 ———— 61

III 各地の民家 —— 65

- 01 ロフォーテンの漁民小屋 —— 68
- 02 メールダールの農園住居 —— 72
- 03 貧しい使用人の住まい —— 78
- 04 煙突のない家 —— 81
- 05 エッキルス島の家 —— 84
- 06 夏のゲストハウス —— 87
- 07 オステンスタ村の家 —— 90
- 08 ブートルフ家住居 —— 94
- 09 リグネスタ農園の家 —— 102
- 10 小作農の家 —— 109
- 11 フレクストヴェイト村の家 —— 112
- 12 フーラ村の小作農の家 —— 117
- 13 ゲストハウス —— 120
- 14 ロースタ村の家 —— 124
- 15 ヴィラン農園の家 —— 128
- 16 高台の家 —— 133
- 17 ローキー村の上の方の家 —— 138
- 18 スカッテブー村の家 —— 144
- 19 アンドリース・ヴァングの家 —— 149
- 20 インビグダ村の家 —— 152
- 21 アルヴダールの農園（冬の家，夏の家）—— 155
  - 冬の家 —— 157
  - 夏の家 —— 161

おわりに —— 164
参考文献 —— 166

I 風土と歴史

どこの国でも，かつての民家は，その土地に大量に存在し，加工しやすい材料で造られてきた。さらに時代の推移とともに，生活や環境の変化，周辺地域の民族の影響等を受け変化している。その意味で民家は，人と風土の産物ともいえる。
この国の民家を理解するためには，民家成立の背景にある風土と歴史を認識することが必要と考える。そこでまず，この国の歴史について巻末に記したさまざまな資料をもとに，民家に関係する農民の生活に関する事項を中心に記す。さらに，資料と体験をもとに，この国の風土について考察し，民家建築の技術に関連する歴史的遺構についても記す。

01 民族と歴史

民族と言語

　ノルウェー人は，中央ヨーロッパから北上した北方ゲルマン民族であり，その言語は，デンマーク語，スウェーデン語と同様，インド・ヨーロッパ語族に属する北ゲルマン語である。

　現在，ノルウェーには，北部サーミ人のサーミ語を別として，2つの公用語が存在する。デンマーク語の書き言葉を基本とした「ブークモール」(リクスモール)と，西部の地方語を基本とした「ニーノシュク」(ランスモール)である。

　この背景には，長い間のデンマーク支配の歴史が関係している。支配からの脱却・独立の気運の高まりの中で，民族意識，「ノルウェーらしさ」を求め，「国語運動」が起こり，その結果生まれたものだった。これはまた，官僚と農民，都市と農村の対立でもあった。

歴史

氷河期（〜紀元前4000年）

　今から約1万4000年前に，覆っていた厚い氷の中から，ノルウェーの海岸線が姿を現したとされている。紀元前8000年頃には，氷河が急速に後退し始め，遺跡発掘により紀元前7000年頃には，最北部および南部の沿岸に定住化が進んだものと考えられている。

　北部アルタには，世界遺産に登録された岩絵が発見されている。

新石器時代（紀元前4000年〜1800年）

　花粉調査により，紀元前4000年頃，オスロ・フィヨルド周辺で農業が開始され，紀元前2900年から2500年の間に，著しく進歩したと推定されている。この時期に，オート麦や大麦の栽培，豚，牛，羊，ヤギの飼育が始まったと考えられている。

青銅器時代（紀元前1800年〜500年）

　この時期，農地耕作に原始的な木製の鋤の使用が普及し，馬が耕作にも使われるようになった。これは農業の重要な変化であり，農民の定住率が上がり，住居部と庭のある農場が一般的になったとされる。

　さらに，この時代を特徴づける墳丘墓や出土品などから，新興富裕層が登場したと考えられている。

鉄器時代（紀元前500年〜西暦800年）

　現在とほぼ同じ気候条件となり，西部や東部にはマツやシラカバが育ち始め，東部にはトウヒが見られるようになる。

この期の農場は，数世代にまたがる大家族が同居する氏族制で，氏族の長は，農場の長でもある家長と女家長であった。
　6世紀末頃に，南西部の何百もの農場が無人化した。その原因は疫病による人口減少であろうとされている。
　7世紀になると，無人化していた農場に人々が戻り，新しい農業活動とともに繁栄の新時代が始まった。

ヴァイキング時代の幕開け（西暦793年）

　イングランド北東部のリイディスファーン修道院を，スカンジナビアの海賊が襲撃した。この事件がヴァイキング時代の始まりとされ，一般には，ここから始まるヴァイキングの活動とともに，ノルウェーが世界の歴史に登場する。

ノルウェーの統一（西暦885年？）

　ハラル美髪王が，9世紀末に起こった豪族間の権力闘争に勝利。ノルウェー沿岸部を統一。

キリスト教化（西暦1030年以降）

　オラブ2世が1015年に帰国し，即位とともにキリスト教への改宗を強行。オラブ2世は，祝祭の日の習慣として，豪族や農民の間で行われていた，それまでの神への生贄を供える儀式を止めさせることも意図していた。
　王は，偶像を破壊し，教会を建設して，自らを最上位においた聖職者制を導入。抵抗するものは命を奪われ，農場は焼き払われた。
　1030年のオラブ2世の死後，ノルウェーのキリスト教化が進む。

ヴァイキング時代の終焉（西暦1066年）

　ハラル苛烈王が，イングランドの王位を奪おうとした戦いに敗れ戦死。これをもってノルウェーは，ヴァイキング時代の終焉とみなしている。

農民の小作人化（～西暦1300年）

　ヴァイキング時代，土地は農民の所有下にあったが，ノルウェーの国家統一の過程において，王は抵抗する農民の土地を接収。国土の70％が，王，教会，貴族の三者の所有下におかれ，大多数の農民が彼らの小作人となった。
　しかし，移動困難なノルウェーの自然環境のため，地主の訪問はまれで，他のヨーロッパ諸国に比べ，ノルウェーの農民の暮らしははるかに自由であった。

「黒死病」流行（西暦1349年）

　1349年の秋から冬にかけ，黒死病(ペスト)によりノルウェーの人口の3分の1の人命が奪われた。

ノルウェー・デンマーク，同君連合を結成（西暦1380年）

ノルウェー，デンマークの州となる（西暦1537年）

農民の自作農化（西暦1500〜1800年）

　この間の人口増加により，中世後期に無人化し荒廃していた土地が再び耕作されるようになるが，農地はすべての農民にはいきわたらなかった。

　その結果，1660年以降，特に東部やトロンデラーグ地方の農村部に小作人が増加，貧困層を形成。

　スウェーデンとの戦争による国家の負債を支払うため，フレゼリク3世は王領地を富裕市民に売却。市民はそれを農民に転売。

　1800年には，ノルウェー農民の過半数が自作農になっていた。

オスロ，大火後再建し，クリスチャニアと改名（西暦1624年）

フランス革命始まる（西暦1789年）

デンマーク＝ノルウェー，フランスと同盟（西暦1807年）

デンマーク王，キール条約でノルウェーをスウェーデン王に割譲（西暦1814年1月）

アイッツヴォル憲法制定

　　※独立を宣言（西暦1814年5月17日）……第一の「独立」
　　　　　（現在，ナショナルデーとして祝日）

　憲法を改正，スウェーデンとの同君連合（西暦1814年11月）。あくまでもスウェーデン主導であった。

ノルウェーの国語運動（西暦1814年）

　憲法には，政治的支配国であるスウェーデンの国語に対抗する意図で，行政・立法において「ノルウェーの言語」の使用が定められていた。

　当時，公用語はデンマーク語だったが，ロマン主義の台頭により，支配者の言語からの脱却。「ノルウェーらしさ」を求め，ノルウェーの国語創設の運動が起こった。

議会選挙で農民勢力が大勝（西暦1833年）

『ノルウェーの民話』出版（西暦1841〜44年）

　アスビョルンセンとモーにより『ノルウェーの民話』が出版された。

独立（西暦1905年）

　ノルウェー議会，スウェーデンとの連合解消を宣言。

02
植生と生業

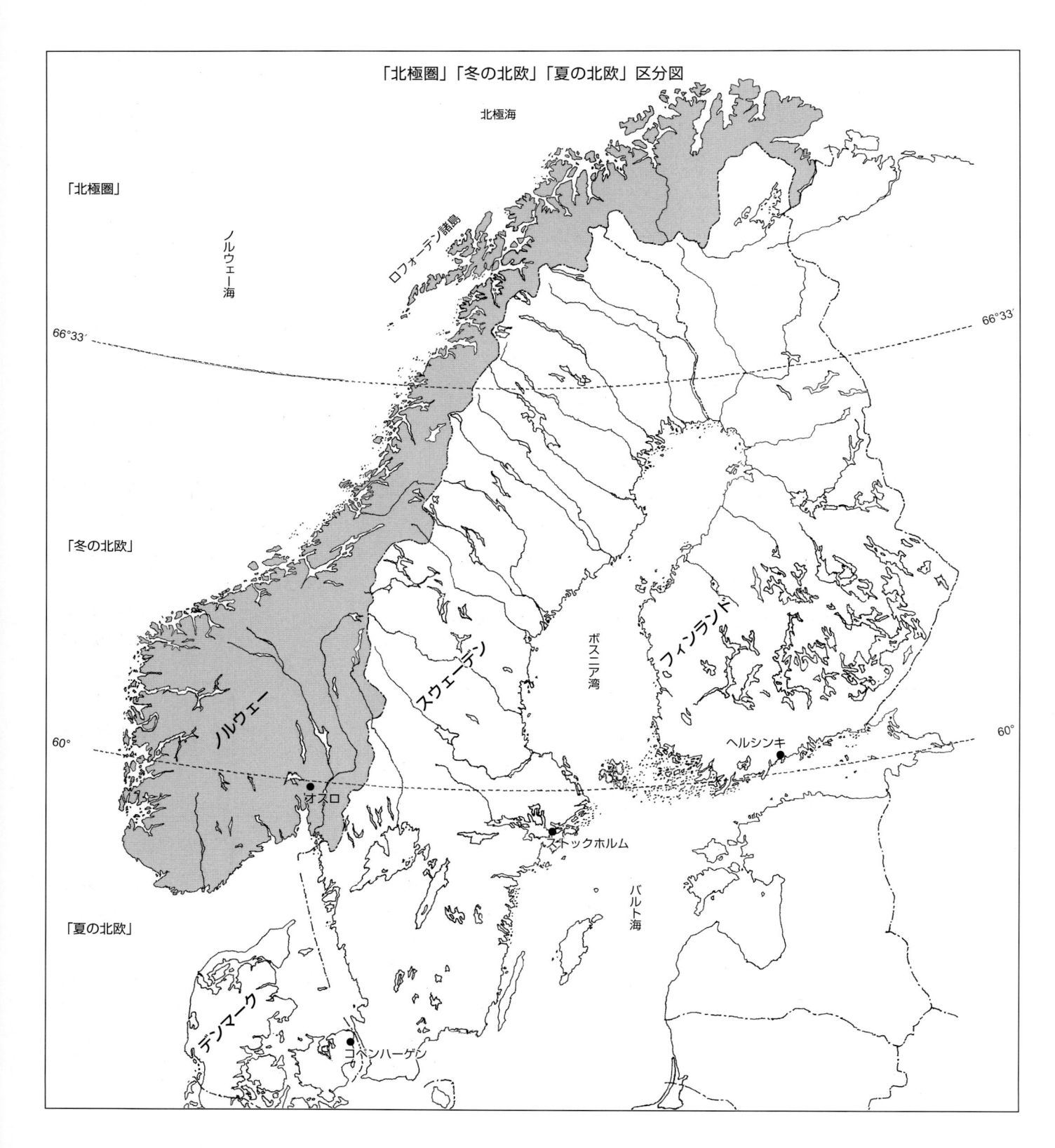

「北極圏」「冬の北欧」「夏の北欧」区分図

- 「北極圏」
- 「冬の北欧」
- 「夏の北欧」

北極海
ノルウェー海
ロフォーテン諸島
ノルウェー
スウェーデン
ボスニア湾
フィンランド
バルト海
デンマーク

オスロ
ヘルシンキ
ストックホルム
コペンハーゲン

66°33′
60°

風土

　ノルウェーは，スカンジナビア半島の西岸，北緯71度11分8秒から北緯57度57分31秒までに位置し，北からやや南西に向かう細長い国で，南部ほど東西の幅が広い。北部の半分近くは，北緯66度33分の南限ラインから北の北極圏に含まれる。

　そのような高緯度に位置しているわりには，西側，ノルウェー海を流れる北大西洋海流の影響で，気候は比較的温暖である。北部のロフォーテン諸島の外洋側の年間平均気温は，地球上の同緯度の他の地域より24度も高いという。この国では，北へ行くほど寒いというより，東の内陸に行くほど寒いといえる。

　長い冬と短い夏の間に，さらに短い春と秋が割り込んでくる，というような四季のありようである。夏は太陽が沈まない日々もある白夜となり，逆に冬は太陽が顔を出さない極夜となる。しかし，その暗い冬には，北緯65度から70度の地域では，オーロラを見ることができる。

　北欧5カ国の文化を考察する研究者の間では，北極圏より南の地域を，ある緯度を境にした帯状の地域で二分し考察する視点を導入している。その根拠は，これらの地域で植生や生業が変化し，多くの文化境界線がこの帯の中に重なることが基礎になっている。

　その二つの地域を，北緯60度辺りまでを「冬の北欧」地域，それ以南を「夏の北欧」地域と称している（『北欧社会の基層と構造』K.ハストロプ他編，東海大学出版会参照）。

　ノルウェーは，北極圏以南はほとんど「冬の北欧」地域に含まれるが，他国のその地域に比べ，明らかな違いが見られる。標高差を低いほうの緑から高いほうの茶へと色分けした北欧の地図を見ると，ノルウェーはほとんど茶色で，しかもその茶が海岸線まで迫っているのがわかる。

　それに対して，フィンランドやスウェーデンの「冬の北欧」地域はほとんど緑であり，明らかに違う。このように，ノルウェーを大きく見ると，隣国スウェーデンとの国境辺りには，スカンジナビア山脈が連なり，スウェーデン側へと低くなっていくのに対して，平均的に国土全体の標高がきわめて高い。

　西海岸は，氷河に削られ内陸奥深く入り込んだフィヨルドへと，標高の高いままの陸地が，急激に切り立つように落ち込み，複雑な地形となっている。

　海岸線には5万余りの島々が点在し，迷路のような海路を構成している。

　さらに細かく見ると，4つの地域に分けることができる。

　南東部は，オスロが含まれる地域で，森林とゆるやかな谷に豊かな耕地が広がる（写真1）。南西部は，内陸に200km以上も食い込むフィヨルドもあり，山岳地帯には氷河も見られるといった自然の厳しい地域である（写真2）。

　車を走らせて感じるのは，トンネルの多さと道路の勾配の激しさである。花崗岩質の岩盤を貫くトンネルは，コンクリートの補強など必要なく，ほとんどが空掘りで岩肌が剥き出しになっている。しかも，その内部で12％もの急勾配のうえ曲がりくねっていたりする。車を走らせていると，時に恐怖を感じる。

　ベルゲン（Bergen）へ入る陸路は，どのルートもそんなトンネルを抜けなければならない。

ソグネフィヨルドの奥,ボルグンド(Borgund)からベルゲン方向へ向かうE16号線には,世界最長の道路用トンネル,ラルダールトンネル(Lærdal tunnel)が2000年に開通している。

このトンネルは,総延長24.5kmにもなるため,不安感や退屈感を払拭するための工夫がされている。途中ほぼ6kmごとに両脇が広くなったホールを設け,天井部をブルー,下部を黄色いライトで照明している。日の出をイメージしたライティングだという。一瞬で通過してしまうが,確かにそこでほっと一息つくことができる。

中部は,東西の幅が狭く,海岸線にはフィヨルドもあるが,車でトロンハイム(Trondheim)に近づいていくと,周辺にはスウェーデンではないかと思えるほど,穏やかな耕地が広がっている。

1 豊かな耕地
2 南西部の氷河
3 中西部ヴォス北部R13沿い7月の山岳地帯
4 西部フィヨルド沿いの村
5 北西部の氷河
6 北西部のフィヨルドと氷河
7 フィヨルドを渡るフェリーとトンネルが直結
8 一塊の岩山
9 北極圏の樹木のない風景

北部は，山岳，渓谷，氷河，フィヨルド，島々と，移動ごとにさまざまな素晴らしい景観を目にすることができる。北極圏でもより北部では，7月に入っても雪や氷が残り，無彩色の荒涼とした風景を目にする。

　このように，地域で激しく変化する景観は，他の北欧諸国の比ではない。民家を訪ねて，車で南へ北へと走り回ると，時には「暴力的な自然」と表現される圧倒的な自然とその地域性を実感することができる。かつて交通手段として陸路は発達せず，海路が主だったというのが十分理解できる。これらの独特な地形は，氷河時代に氷河によって侵食され続けた結果生まれたものである。

植生

　北部，北極圏では低灌木や地衣類のみとなるのは，フィンランド，スウェーデンとも共通するが，ノルウェーは標高が高いためか，いわゆるツンドラのより一層荒涼とした風景となる。北部でも南に下ると，シラカバが現れ，さらにマツも増えてくる。

　東部の谷は，トウヒやマツで覆われ，トネリコ，ナナカマド，ポプラなどの広葉樹も現れる。西海岸では，針葉樹と広葉樹がほぼ同程度に見られるが，南に行くに従い広葉樹が多くなる。全体的にはやはりシラカバとマツ，真っ直ぐに伸びた北欧マツである。近年の考古学研究の結果，紀元前500年から西暦元年頃までの間に，西部や北部にマツやシラカバが，東部にはトウヒが育ち始めるといった，現在につながる植生分布が生じていたとされる。

　これらの森林には，トナカイの餌になる苔や，内陸部ではブルーベリー，コケモモ，ホロムイイチゴなど果実を収穫できるスカンジナビアに共通の植生が見られる。

10 植林され手入れの行き届いたマツ林
11 森の中のベリー類
12 トナカイの餌になる地衣類

生業

農業

　近年の花粉調査の研究結果により，オスロ・フィヨルドで農業が開始されたのは，紀元前4000年頃であったと推定されている。さらに紀元前1800年から500年頃に，農業形態の重要な変化である，農地耕作に木製の鋤と馬の使用が普及し，定住化が進んだとされている。現在でも，この国の第一の農業地はオスロ周辺の平地であり，第二がトロンハイム周辺である。いずれにしても，前項で見たように，平地が少なく自然環境の厳しいこの国では，農地に利用されているのは，国土の5％以下である。栽培されるのは，大麦，小麦などの穀物やジャガイモなどが主であり，他は家畜の飼料である。

牧畜

　歴史的には，農業が始まった頃から，豚，牛，羊，ヤギなどの飼育が始まったとされる。ノルウェーで対象とする民家での人々の生業のほとんどは，牧畜農業である。民家を求めて移動していると，こんな所にまでと驚かされるようなフィヨルド沿いの傾斜地のやや緩やかなわずかな土地にも，牧草地が見られる。

　山岳が多く平地の少ないこの国では，牧畜にも工夫が必要であった。短い夏の間，定住地からより高地へ，新鮮な牧草を求めて家畜を追って移動し，そこに「夏の家」を構えた。そこでは女性が主たる働き手であり，家畜に新鮮な牧草を食べさせ，乳を搾り，それを蓄えるとともにチーズなどに加工する作業を行っていた。男性は，それらの収穫物を麓へ運び，登り降りする運搬役だった。この牧畜農業の形態が，「セーテル農法」といわれている（『北欧社会の基層と構造』前掲参照）。夏も終わりに近づくと，平坦な牧草地に，干草を束ねた丸いかたまりがいくつも転がっているのを目にする。

13　丸められた干草
14, 15　傾斜地の農家と牧草地

林業

　民家やスターヴチャーチ（「03各種遺構」参照）を見て回ると，かつてこの国には見事な巨木が存在していたことが伺われる。古い民家ほど太い丸太が使われている。

　木を扱う人々は，木を十分に活かすために，立木をいつ，いかに伐採すべきかを，知識として習得していた。重要な建物のための木材を得るのには，根を張った立ち木の枝を払い，樹皮を剥き，そのまま数年を経たうえで伐採したという。

　木材は，住居や家具，什器の素材として必要になるだけではなかった。交通手段として陸路が困難なこの国では，もっぱら海路が使われ，そのための舟ももちろん木造である。木材はあらゆるところに用いられるため，当然林業は盛んであった。

　マツ材を蒸し焼きにして，防腐剤としてのタールも生産され，輸出もされた。

　1537年には注水を動力として鋸歯を動かす製材法が発明され，板材の加工が可能になる。それらの水力製材機は，いくつもの野外博物館に保存されているのを見ることができる。その製材法による加工によって，さらに木材の輸出が盛んになり，国の財源となった。

16　水力製材機
17　製材用鋸を動かす水車

漁業

　西側は多数のフィヨルドが内陸の奥深くまで入り込み，海岸線はフィヨルドを含めて28,000kmにも達し，5万もの島々が点在する地形であり，特に北部では昔から漁業が盛んであった。おもにタラやニシン漁で，特に，北部ロフォーテン諸島を中心にタラ漁が盛んであった。その加工品である干しダラは，ハンザ同盟時代，ベルゲンからの主要輸出品目の一つであり，外貨獲得に重要な役割を担っていた。

　ノルウェーでは，干しダラを長時間シラカバの灰汁に浸けて戻し，それを調理して，伝統的な魚料理であるルートフィスクとして食べる。北部沿岸やロフォーテン諸島を移動していると，タラを干すための巨大な木製の構築物が見られる。季節によっては，そこにびっしりとタラが吊り下げられている。

18　干し柵詳細
19　延々と続くタラ干しの柵
20　柵に架け干されたタラ
21　収穫された干しダラ

03 各種遺構

　現代に続くノルウェー民家成立以前のものだが，技術的には深く関連すると考えられる歴史的遺構がある。いずれもヴァイキング時代およびその直後のもので，その時代の住まいであるロングハウス，ヴァイキング船，スターヴチャーチなどである。

　その後の民家とは構法の違うロングハウス，きわめて性能の良いヴァイキング船，独特の教会建築であるスターヴチャーチ，これらを見ていくと，その造船技術や建設技術など，いずれも優秀な工匠の存在とその技術なくしてはあり得なかったと思われる。

　民家の調査をしていくと，特にノルウェーの民家には，その優秀な技術の流れが受け継がれているのを感じる。そこで民家を見る前に，まずそれらを概観しておく。

ロングハウス

　ヴァイキング時代の集会所や住居は「ロングハウス」と呼ばれている。ノルウェー各地に，その跡が発掘され復元されている。

　それらの中で最も規模の大きなものは，北極圏，ロフォーテン諸島のボルグ（Borg）で発掘，復元された王の建物であろう。

　1981年，地元農民と考古学のアマチュアが，土の色の違いや陶器片を発見。それをもとに，1983年から考古学者が集められ，本格的な調査が進められた。その調査結果に基づき，高台の上，発掘跡のすぐ北に，巨大な建物が復元されている。

　丘の下から見上げると，芝の大地の連続のように，巨大な屋根が高台を覆っている。屋根は入母屋で，棟がカーブし，緩やかに曲面を描いている。屋根仕上げは，スターヴチャーチや伝統的な手法を考慮し，厚板を加工した鱗葺きとし，棟の先端と入口上部には，ヴァイキングの守り神である竜頭が取り付けられている。時を経た屋根材は，時に銀色に輝き，小高い丘の上に堂々たる姿を見せている。

　麓でチケットを求め，回り込むようにして丘に登ると，屋根の下は厚い芝土の壁で囲まれている。芝土の壁は，板壁の外壁に沿って，その外側を囲んでいる隔壁であり，構造体ではない。南側に4つの入口があり，西側の主入口を入る。

　構造は，門型の柱・梁の両脇を，一段低い梁・柱で固めた基本構造体が連続して立ち，それらを互いに梁で結んだ木造軸組構造で，棟高7.5m，長さ80mあまりにも達する大建築である。当時の木造技術がいかに優れたものであったかがしのばれる。

　3廊形式の内部空間は，板壁で5つの空間に仕切られ，西側から居住空間，入口ホール，大集会ホール，貯蔵空間，牛小屋となっている。大集会ホールには，身廊に平炉とテーブルに玉座が設けられ，それらに相対して側廊に数列のベンチが設けられている。柱や玉座には見事な彫り物が施され，技術の高さを示すとともに，その空間の権威を表現している。

規模の小さな住居も発掘，復元されている。南部の都市クリスティアンサンから東へ，E18号線から401号線に入り，さらに森の中の脇道を進むと，ヴァイキングのロングハウスが復元されたブロンセプラッセン（Bronseplassen）に至る。

陶芸をやっている管理者の住まいと工房を通って奥へ進むと，周辺のわずかな広場の芝が盛り上がったかのように，屋根に芝土を載せた建物が見えてくる。屋根の両端には，煙出しが設けられている。外壁は，丸太の柱の間を土壁でふさいでいる。

構造はやはり，柱・梁の門型のフレームを梁でつないだ軸組構造。全体に長楕円形平面で，中央の入口の左右を，居住空間と家畜小屋とに分けている。内部の仕切りは，細い枝を編み込んだ簡単な壁。

床は居住空間も土間で，中央に設けられた平炉に火が焚かれ，それを取り囲む三方は壁際まで簡素な高床とし，寝床ともなっている。開口部は入口と煙出しのみで，きわめて暗い。ボルグの大建築に比べると，構造材の太さも仕上材もきわめて貧しい。傍には，石積みの墓や岩場に刻まれた線刻画も残っている。

いずれの例も軸組構法によって造られている。そして，同じ屋根の下に，人々の生活の場と家畜のための場が含まれ，細長い平面型をしている。ロングハウスといわれる所以である。

1 ボルグの丘の頂を覆うように建てられたロングハウス
2 巨大な鱗葺きの屋根
3 棟の先端の竜頭
4 大建築を構成する木造構造体
5 大集会ホールの装飾された柱
6 門型の構造体
7 梁を受ける持ち送り
8 権威を表現した玉座

9 芝が盛り上がったようなブロンセプラッセンのロングハウス
10 先端から見た外観
11 細い枝を編んだ仕切り壁
12 入口上部の千木とその下の防水材としてのシラカバの樹皮
13 居住空間の門型構造体
14 居住空間の平炉と両側の高床
15 岩場の線刻画

ヴァイキング船

　ヴァイキングは，海賊や略奪者として語られていたが，近年の研究により，単なる暴力者ではなく，交易をし，都市を築き，文化を伝播した人々として，正の部分に光が当てられ評価されている。ヴァイキングの海外遠征の活動は，彼らの造船技術なくしてはあり得なかったとは，よく言われることである。

　オスロのヴァイキング船博物館の入口正面，第1室には，1904年に発掘されたオーセベル船が展示されている。

　船首の曲線，船体の描く曲面，いずれもその優美さに圧倒される。正面からでも側面からでも，どの角度から見ても美しい。船首の彫刻ともども，当時の技術がいかに優れていたかを思い知らされる。船体の木材はカシ材で，甲板にはマツ材が使われている。

　この船は埋葬船であり，船体中央の屋根の付いた遺体安置小屋には，2人の女性の遺体が安置されていた。それとともに貴重な副葬品も発掘されている。副葬品の橇や荷車等々にも，見事な彫刻が施されている。船をはじめ，それらの修復，保存には大変な努力と時間がかけられている。

　ヴァイキング船には，戦闘船と商船との2つのタイプがあったという。戦闘船は，細長く船腹が狭いので積載量は少ないが，スピードが出て機動力があった。両方の舷側に盾を並べ，漕ぎ手が座る。商船は，船体が短く，頑丈で容積が大きく，移住する人々や家畜，農具，交易品などを運んだ。

　漕ぐよりおもに帆が使われた。順風ならば，イギリスまで3日で到達したという。

　強い風を受ける帆柱を立てるのには，高度な技術がなくてはできない。いずれもヴァイキング船の特徴として，船首と船尾をつなぐ竜骨が大きく，肋材で補強されている。さらに，喫水線が大変低いため，非常に安定性が良い。

　これらの船は，浅瀬や川をさかのぼることができ，川が切れると，次の川まで船を担いで進んだという。それによってロシアの奥地まで進み，彼らはそこに都市を建設していた。

　大きなヴァイキング船には漕ぎ手が50〜60人もいて，最大の船は「長い蛇号」といわれ，全長48m，漕ぎ手が76人もいたと考えられている。

　1100年以上も前に活躍したヴァイキング船の性能は，近代的な技術で作られた船に勝るとも劣らないといわれる。

16　美しい曲線を描くヴァイキング船
17　船体正面
18　船体先端
19　船体細部

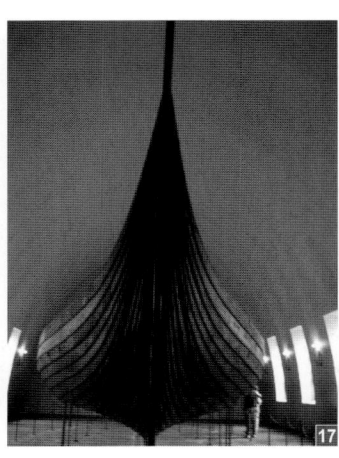

スターヴチャーチ

　スターヴ（Stav）とは，ノルウェー語で「丸太，木の支柱」を意味する。ヴァイキング時代末期，ノルウェーがキリスト教化された11世紀後に建てられた木造教会を「スターヴチャーチ（スターヴヒルケ）（Stavkirke）」という。かつては，ノルウェー全土に1,000棟もののこの種の教会が建てられていたという。現在，建設後に手を加えられ，あるいは移築ながらも残っているのが28棟，復元されたものなどを含めると31棟がある。

　筆者は，数回の民家調査の旅の過程で，それらを全て訪ね見て回った。移築されたものは別として，どれもが，山の中腹のフィヨルドを望むわずかな平地に建っている。それは，規模の大きなものであっても，その風景の中に佇んでいるといった風情であった。その教会の周りには，広場や参道などはなく，数多くの墓が取り巻いている。

　この教会について詳細に記すことがここでの目的ではないので，いくつかの例を見ながら，その優れた構造や技術を確認しておく。

　一般的に目にしやすいのは，オスロの民族博物館に移築されたゴル・スターヴチャーチ（Gol Stavkirke）だろう。

　3層の屋根の上に，さらに3層の鐘楼が載っている。屋根は厚板を加工した鱗板で葺かれており，棟の先端には木製の大きな竜頭が，正面と背面に取り付けられている。竜は魔除けであり，ヴァイキングの守り神である。その下の十字架がなかったら，とてもキリスト

20　オスロ民族博物館に移築されたゴルスターヴチャーチ
21　土台の水抜き穴
22　土台に嵌め込まれた壁板
23　ヴァイキング・モチーフの彫り込まれた入口まわり
24　ヴァイキング船の肋材や「聖アンドリュー十字」等が組み込まれた内部架構（復元）

25 ゴルに復元されたスターヴチャーチ

教の教会とは思えない姿だ。

　外側には，本堂を囲み一巡できる回廊が巡らされている。この回廊の壁は幅広の厚板で，内側を平面に，外側は弓形断面に加工され，そこに当たる光の陰影が美しい。この壁の厚板は，上の桁または窓枠と下の土台に設けられたV溝にはめ込まれている。

　この壁板がはめ込まれた土台をよく見ると，中間に何箇所か穴が開けられている。V溝に溜まる雨水などを外部に出すための水抜き穴である。各地の教会を見て回ると，この水抜き穴にもさまざまな形があるのに気づく。

　入口のドア枠やその周辺には，複雑に絡み合った彫刻が施されている。よく見ると，翼のある魔除けの竜が，悪を表す蛇をくわえエンドレスに絡み合っている。いずれもヴァイキングのモチーフである。入口まわりの装飾のありようは，いずれの教会にも共通している。

　ドアには，鍵穴やその周辺に，これもヴァイキングのモチーフの鉄製の装飾が取り付けられているのも共通して見られる。

　キリスト教会だが，随所に異教のモチーフが入り込んでいる。新たな神を素直には受け入れがたい当時のノルウェー人の想いと，布教のためにそれを許した伝道者の選択の結果であろうか。

　入口は，西側と南側の2箇所に設けられている。西側が主入口で，脇の南入口は女性用であった。内部には6本の丸柱が立ち，柱頭には人物の顔が彫刻されている。

　先に進むと，奥が円形平面となった深い祭壇に続く。中央の通路を挟んで，両側に木製の椅子席が並ぶ。かつては，祭壇に向かって右側は女性の席と決められていた。周辺は板壁で囲まれている。見上げると，その板にいくつかの採光用の小さな丸窓，というより穴が穿たれている。

　丸柱の上部は，板壁の上の桁と半円形の肋梁でつないでいる。これは前に見たヴァイキング船の肋材と同様の形態であり構造である。柱どうしは梁で結ばれるとともに，梁下の木製アーチで横力に対する補強がされ，その上部には，「聖アンドリュー十字」と呼ばれる筋かいが設けられている。

　屋根架構にも，ヴァイキング船の肋材同様のアーチ状木材と筋かいが巧みに組み込まれる。ヴァイキング船をつくった工匠の優れた技術と知恵が活かされているのを感じる。

　この教会が建っていた元の場所，ゴル（Gol）には新たに同じものが復元されている。初めて訪ねたときには教会だけだった敷地内には，次の折にはヴァイキング博物館のような建物が建設され，2007年にはさらに付属施設を建設中だった。

Ⅰ　風土と歴史

再建された教会を見ると，木々は新しく，照明もされ，小屋組までよく見える。ただその丸柱には，乾燥が不十分なのか，ひび割れも見える。かつて，建設用の木材を調達するときには，立ち木の枝を払い，皮を剥き，そのまま根を張った状態で放置し，7年後に伐採したという。

　スターヴチャーチの開口部は本来，出入口以外は，軒下の小さな穴だけできわめて暗かった。そこは，外部空間とは隔絶した，祈りのための内向きの空間だった。他の教会に大きな窓があるのは，採光用に後世になって手を加えられたものである。

　トロンハイムのトロンデラーグ野外民族博物館にあるハルトダーレン・スターヴチャーチ（Haltdalen Stavkirke）には，その丸窓もない。入口のドアを閉めると，まったくの闇になる。椅子もなく，かつてはローソクの明かりのみで，寒い中，立ったまま肩を寄せ合って説教を聞いていたという。ノルウェーで一番北に在り，1170年に建設されたこの教会は，平面プランも立面もきわめて簡素で，現代建築かとも思えるほど端正な佇まいをしている。

　内部には独立した柱も，装飾的なものも一切ない。四隅の丸柱が外部にも現れ，その最下部，土台部分は球状に加工され，いかにも荷重を受けているといった表現になっている。ゴルやボルグンド（Borgund）等のような，屋根が層を成し，竜頭が付いた異形がスターヴチャーチと思い込むと，逆に信じ難いほどあっさりとしている。

　スターヴチャーチは，当初は土台のない，掘立て柱であった。当然，柱は腐りやすいので，土台が設けられる。この建物には，釘は使われず，ほぞなどで組み込まれている。その建設方法は，建物の一面の柱，梁，壁を地上で平らに組み，それらを各面ごとに，ほぞ穴を加工して組んだ土台の上に立て，全体を組み上げていくものだった。

26 トロンハイムの民族博物館に移築されたハルトダーレン・スターヴチャーチ
27 簡素な外観正面
28 柱の足元
29 屋根の鱗葺き
30 窓もない質素な内部空間
31 わずかに見える肋材
32 石造の祭壇。入口を閉めると祭壇の上のローソクの明かりのみになる

II 農場と建物

山岳と深い谷とフィヨルド，わずかな平地。太陽が地上に顔を出さない期間もある長い冬，陽が沈まない夏。きわめて短い春と秋。この国の自然環境は想像をこえて厳しい。

そんな環境の中で，彼らは自らの生活の場としてはもちろん，その後に長く続く子孫の生活に必要な条件を考え，土地を選び，森を伐り開き，開墾した。そこで選ばれたのは，斜面であっても多少緩やかで，そのうえ牧草の育ちやすい南斜面であり，さらに釣りや狩猟にも適した土地であった。それは現在残された農地を見ても明らかである。

民家を求めて旅をしていると，こんな所にまで，と思うようなわずかな斜面にも，建物と牧草地を見ることがある。斜面に立って牧草を食む牛の姿は，他の国ではあまり見られない光景だろう。

この厳しい自然は，人々の往来を拒み，地域間の交流を困難にした。そのために，この国の農場やその建物には，地域ごとの独自性が保たれている。

トンネルが空掘りで済むほどの固い岩盤は，かつての道具では手に負えない。しかし，そこには豊富な針葉樹の森があった。

手のつけられていない森は，人々にとって異界であった。そこは，ノルウェー神話の「トロール」が住む世界だった。人々は，その森を伐り開き，その中に彼らの世界を作った。

伐り開いた森から得られる木材は，比較的加工が容易であり，彼らの住まいの素材となり得た。そこに設けられた住まいは，外部とは隔絶した内向きの世界だった。

ノルウェーの民家は，フィンランド，スウェーデン同様，木造である。私は，木材の加工技術では，それら3国の中で，ノルウェーが最も優れていると思っている。そこには，これまでに見たヴァイキング船やスターヴチャーチを造った工匠の技術的伝統が受け継がれているように感じられる。

01
構法と配置

構法

　ヴァイキング時代の住居は，前章で見たロングハウスであり，それは軸組構法である。しかし，現代の住居まで連続する民家の構法は，それとは違い，木材を水平に組み，積み重ねて壁を構成する組積構法である。この丸太組積構法は，ヴァイキング時代後に一般化したものであった。
　ではその構法は，どこから伝えられたものなのか。
　調査をして回っていると，ある学芸員の方から逆にその質問をされたことがあった。
　丸太組積構法の発祥の地がどこであるかは，研究者の間でもまだ明確ではないが，中央アジアの辺りであろうと推定されている。
　この構法がノルウェーに伝わったのはどこからなのか。ヴァイキングの活動により，東方に遠征した彼らが，ロシアの丸太組積構法（ログ構法）をフィンランド経由で持ち帰り，それを発展させたのであろうという見解が有力となっている。

ノルウェーの民家は，木造であり，その主たる構法は，
木材を水平に組み，積み重ねて壁を構成する組積構法である。

　しかしよく見ていくと，丸太組積構法（ログ構法）と軸組構法の2つの構法が併用された例も出てくる。
　住居は丸太組積構法だが，その一部に，入口前面を柱と板で囲う例が見られる。
　ロフト（倉）は，主体は組積構法だが，2階回廊の外壁を軸組構法として，両者が併用されている。
　納屋は，軸組構法を用いたものが多い。中には，前章で見たスターヴチャーチと同じ構法を用いているものもある。
　したがって，ノルウェー民家を構成する各種建物ごとに見ると，下記のように分類することができる。

> **ノルウェー民家の構法**
> ◎丸太組積構法 …… 主屋（住居），鍛冶小屋，バスツー（サウナ小屋）他
> ○丸太組積構法＋軸組構法 …… 倉（ロフト）
> ○軸組構法 …… 納屋

主屋と付属屋

分棟型式

　ノルウェーの人々が生活していた農場の建物は、それぞれの機能ごとに別棟として建てられる。いわゆる分棟型式である。1つの棟の中に、多機能を収める連棟型式となることはない。これは、平地の少ない地形が影響している。

　農場には、住居である主屋、倉（ロフト）、納屋、家畜小屋など、それぞれ独立した建物が、地形に基づく法則によって配置されている。小さな農場で4,5棟が、大きな農場では30棟もの建物が建っていた。その規模は、家族や使用人の人数、そして家畜の数によって違っていた。住居、倉（ロフト）、納屋、家畜小屋のほかに、鍛冶小屋、炊事小屋、バスツー（サウナ小屋）、便所等が含まれる。

　ここではまず、住居棟を除く他の付属建物について、その内容や構法を個々に見ておく。住居棟については、次章で詳しく見る。

1　現在も4世代が暮らすタッセンデンの民家
2　住居棟、付属棟がそれぞれ別棟で建てられたタッセンデンの農園

付属屋

倉（ロフト）

　ノルウェーの農場を特徴づけているのが，独特な形態の倉，ロフトの存在である。他の北欧諸国の農場にも，もちろん倉は存在する。しかしノルウェーの農場の倉は，それらとはその様相がまったく異なる。

　太い丸太組の下層，四方あるいは三方に跳ね出した切妻屋根の上層階，重量感ある二層を大地から浮かせるたくましい束，それらの絶妙なバランスとプロポーション。上層階四隅の丸柱と入口まわりの手の込んだ彫り物。大地に威風堂々たる姿でたたずんでいる。そこに収められるのは，農民の，厳しい自然の中での苛酷な労働の対価である。それは一族にとっての宝物庫であり，まさにそれに相応しい姿をもち，農場のどの建物よりも立派に造られている。

　どこの国でも地方でも，貴重な物を収納する倉は，湿気や鼠などの害を防ぐために，高床にして建てられるのが一般的である。この国の倉も，太い束で支えられ，地上から持ち上げられている。
　しかし歴史をたどると，当初は平床であり，高床とするようになっても，その束は地面に直接立てる掘立て形式であった。それでは地面に直接触れる束は，当然腐食が早い。そこで，腐食を防ぐための工夫がなされる。
　倉を支える束の下には，太い丸太を井桁に組んだ土台が設けられる。束が立つ土台の四隅，その真下には大きな石の基礎が設置されている。そこに集中する荷重を受け止めるとともに，これによって腐りやすい木材が直接地面に接することを防いでいる。井桁に組まれた土台は，束どうしを結びつけ，横揺れに対する強度を増している。規模が大きくなると，束は一つの辺に2本，3本と立てられ，基礎は土台下一列に石を敷き詰めた布基礎となる。
　束の上には，半割り丸太が平らな面を下にして乗せられ，その上に倉の建物が組まれる。この半割り丸太は，鼠返しの役割をしている。ここまでは，他の国でも見られる手法である。

　ノルウェーの倉を特徴づけているのは，上に組まれる建物本体の姿である（図1参照）。
　それは2階建で，しかも2階部分は下の階よりも四方へ大きく跳ね出し，回廊が設けられている。
　基本的に丸太組積構法で，1,2階とも同一面に壁を組み上げる。その際，2階床高さの壁丸太に他より長い部材を使い，それぞれを四方に跳ね出させ，それを梁としてその上に回廊の床を載せる。その回廊は，厚板を立てた壁で囲まれ，壁の四隅には太い丸柱が立てられる。
　屋根は切妻で，まれに平側に入口が設けられる場合もあるが，ほとんど妻面が正面となる。妻側正面は，上の階と同一面に板壁を立ち上げ，囲い込み，そこに入口を設ける。入口ドア枠は，幅広の厚板で2階面まで立ち上げられる。この枠には，さまざまな紋様が彫り込まれる。

32

A - A' 断面図

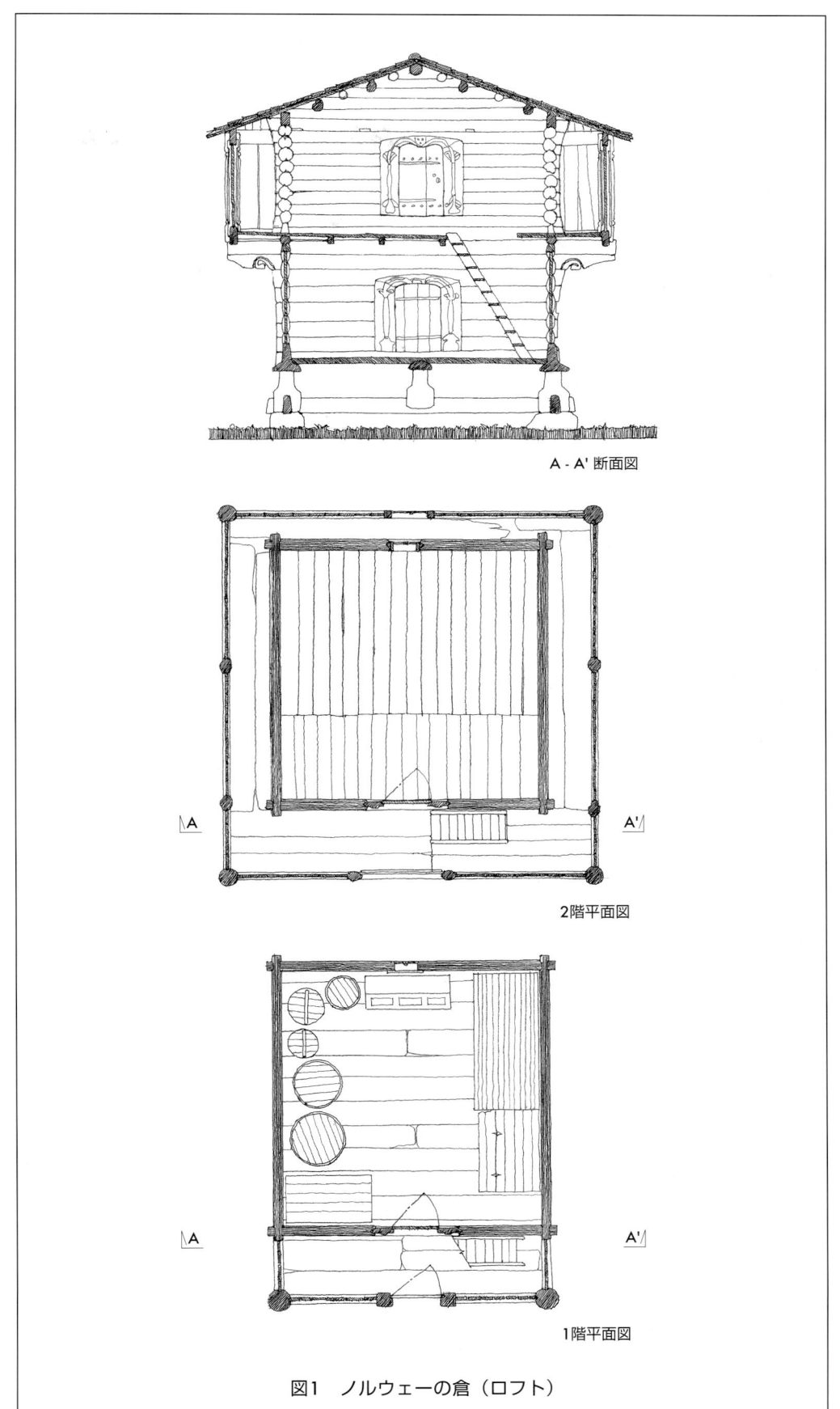

2階平面図

1階平面図

図1　ノルウェーの倉（ロフト）

3　2階が四方に跳ね出した倉（マイハウゲン）
4　楽器が彫り込まれた入口扉
5　丁寧に加工され倉を支える独立束
6　ここでは2階角は角柱で彫り物がされている
7　四方跳ね出しの倉
8　2階正面柱の彫り物と開口部の男女の人物像
9　1，2階の構法の違いがよくわかる
10　土台，束と山形の鼠返し
11　2階を支持する1階壁丸太の跳ね出しと2階角の丸太（オスロ）
12　四方に回された逞しい土台と束と鼠返し（オスロ）
13　2階持ち出し部の装飾された持ち送りと丸柱
14　正面は1，2階同一面となり三方跳ね出しの例
15　1，2階通した装飾枠。開口部に男女の人物像

Ⅱ 農場と建物 ｜ 33

納屋

　納屋には，干草の収蔵用や農機具や荷車の格納用，あるいは漁具などをしまうものや漁船の格納など，さまざまな用途が含まれている。

　干草納屋は丸太組積構法で造られ，2階がそれに当てられ，1階が家畜小屋になっている場合が多い。格納用の納屋は，柱を立て，それを梁で繋ぐ軸組構法で造られ，壁は板で塞がれている。機能的に広い内部空間が必要であることと，出入口を大きく取る必要があり，そのためには軸組構法が適していた（図2）。

　壁板を，土台に彫ったV溝にはめ込む例が見られる（第Ⅲ部1参照）。前に見たスターヴチャーチと同じ扱いである。

　「ノルウェー人はスターヴ・ストラクチュアーを忘れていない」とでもいうように，それを自慢にしている彼らに出会うことがある。

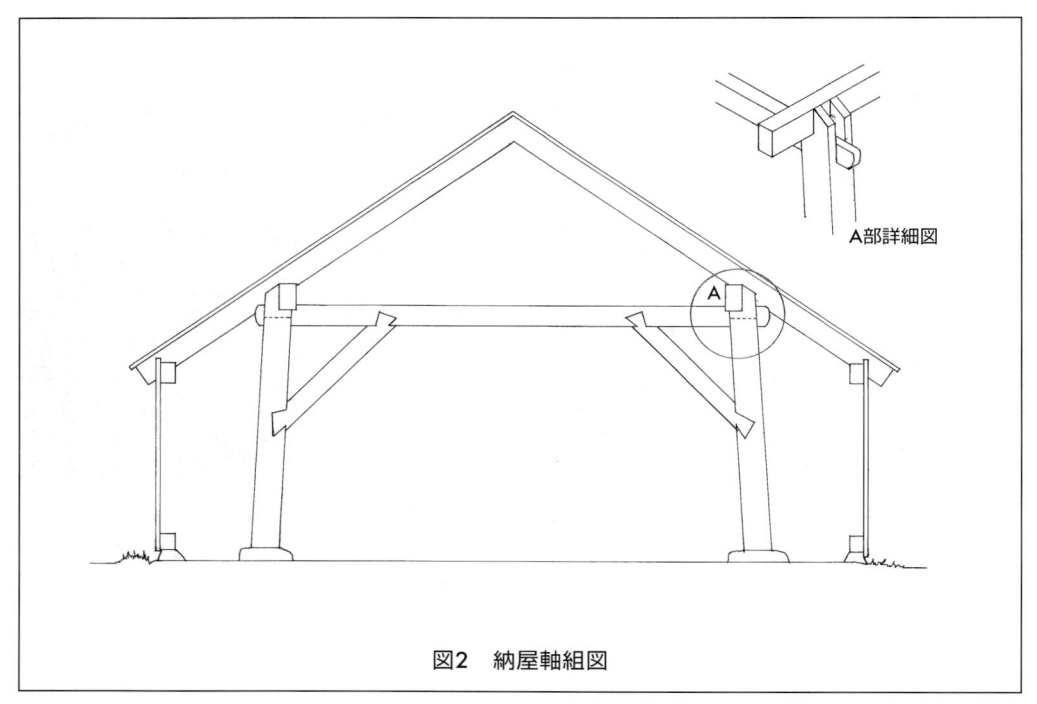

図2　納屋軸組図

A部詳細図

16　組積構法で造られ斜路から2階部分に入る干草納屋。1階は家畜小屋。手前はヤギ小屋
17　簡易な軸組構法の格納納屋

家畜小屋

牛や豚などの家畜小屋は,丸太を積み上げ壁を構成する組積構法で造られる。しかし地方によっては,自然石を積み上げ壁を構成する例も見られる。一頭ごとの仕切りにも,大きな平石が使われた例もある。

18 組積構法の家畜小屋
19 仕切り板を角材を積み上げた壁にした家畜小屋内部
20 石造の家畜小屋
21 石造家畜小屋内部。右奥に平石の仕切り

鍛冶小屋

農機具などの鉄製の部分も,自分たちで鋳造していた。そのための鍛冶作業をする建物であり,火を扱う建物であるから,火災の際の他の建物への類焼を恐れ,特に独立してできるだけ他の建物から離して建てられた。火を扱う建物だが,丸太を加工し積み上げ壁を構成する組積構法で造られ,屋根は切妻である。

22 鍛冶小屋
23 鍛冶小屋内部

炊事小屋

主室の炉で温める前に，調理をする小屋が別棟で建てられていた。丸太組積構法の切妻屋根で，主屋寄りのやや離れた位置に配置された。

水車小屋

雪解け水が豊富で，各地で急峻な滝を数多く見かける土地柄，水力を利用した脱穀水車小屋や水力で鋸を動かす製材小屋が見られる。

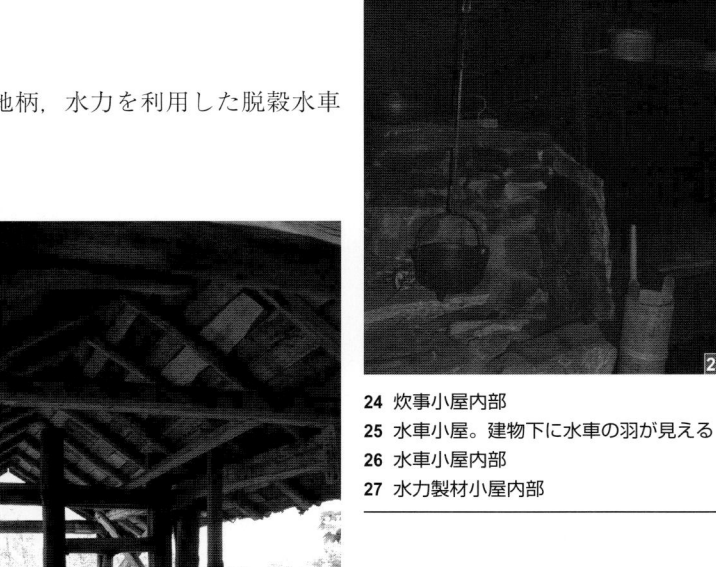

24 炊事小屋内部
25 水車小屋。建物下に水車の羽が見える
26 水車小屋内部
27 水力製材小屋内部

バスツー（サウナ小屋）

サウナはフィンランドが発祥だが，ここでも使われていた。しかし，浴室としてよりも，もっぱら粉にする前の穀類の乾燥や，魚や肉類の燻製室として使うことが多かった。

やはり丸太組積構法の切妻屋根で，内部に石積みの釜を設け，両側の高い位置に床を張る。熱せられた石に水を掛けて出る蒸気によって室温が上がるが，高い位置のほうが効果的であるのは言うまでもない。鍛冶小屋同様，他の建物から離れた場所に配置された。

28 写真29のサウナ小屋内部
29 サウナ小屋
30 サウナ小屋
31 上から肉が下げられた写真30の内部

便所

便所は，独立して豚小屋の脇などに建てられていた。住居内に取り込まれると，回廊の先端に，座の部分に穴の開いた箱状の腰掛が設けられ，その穴で用を足すものであった。穴は並んで2つ開けられていたりする。

2階の回廊のものは，排泄物は下の豚小屋の脇に落下するように作られていたりもする。

16世紀には，箱状の腰掛形式で，ロフトの回廊の後の部分に設けられるのが一般化する。屋内では，可動便器（おまる）も使われていた。

32 独立便所
33 独立便所内部
34 住居2階に跳ね出した便所
35 跳ね出し便所の下部見上げ
36 携帯用おまる
37 跳ね出し便所内部
38 ロフト回廊の便所

建物配置

　農場の建物は，主屋ほか各種付属建物が，用途ごとに個々別棟で分散して建てられる。民家を求めて地方を回ると，それらの建物が，山の小さな丘やわずかな平地に，そこに合わせるように配置されているのが見えてくる。その配置によって，土地の性格が強調されている。それは地勢に対する受身の解釈ではなく，この厳しい自然の中で生きることへの積極的な姿勢の表現とも受け取れる。

　現地保存された農場はもとより，移築保存した農場も，注意深くその地方の建物配置を踏襲しているので，その地域の自然環境との関係が読み取れる。

　この配置には，大きく分けると，法則性の見えない型，列をなす型，中庭を構成する型の3つの型が見えてくる。

　独立した各種の建物で囲み中庭を構成する型は，他の北欧諸国にも見られる。しかしノルウェーでは，この中庭を［tun］と呼び，とりわけ重要な意味づけがされている。［tun］は，英語の［town］と同根の言葉であるという。

　住居や倉などの日常生活に関連する建物で囲まれた中庭［tun］は，外部の居間のような役割をするとともに，そこで生活する家族や使用人，小作人たちにとっての町のような性格をもっていた。

　この中庭は，日常生活のさまざまな行為に対応するだけでなく，結婚，誕生，クリスマスなどの祝い事や葬礼など，非日常の行事も行われる場であった。この中庭を取り囲む建物のありようも，地域によって違いが表れる。しかし私の調査で，ノルウェー全土の民家の建物配置を網羅することは困難であった。

　それらの建物の配置に関しては，すでに，ノルウェー人研究者，クリスティアン・ノルベルグ・シュルツ（Christian Norberg-Schulz）が調査・発表しており，その説が固定的である。それに従えば，農場の建物の配置は，以下の5類型に分類される。

　図3は，シュルツの発表をもとに，私の調査によって得たものを加え図示したものである。

建物配置の5類型　
（図3参照）

1　群れ型（房型）
2　列型（1列・並列）
3　複数庭型
4　開放庭型
5　閉鎖庭型

分布図

1 群れ型
　西部　SOGN
　　　　HARDANGER

2 列型
　南部　TELEMARK
　　　　SETESDAL

3 複数庭型
　中部　GUDBRANDSDAL

4 開放庭型
　東部　ØSTERDAL
　　　　VALDRES
　　　　HALLINGDAL
　　　　NUMEDAL

5 閉鎖庭型
　北部　TRØNDELAG

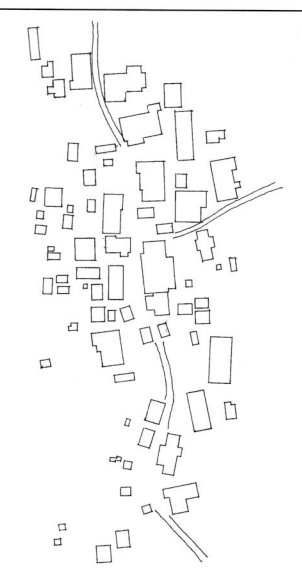

1　群れ型（房型）　AGA FARM　　HARDANGER

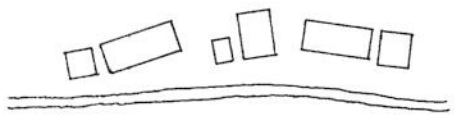

2　列型（1列）　　OSE FARM　　SETESDAL

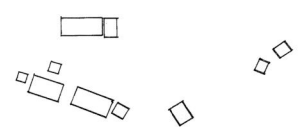

2　列型（並列）　 RYGNESTAD FARM　TELEMARK

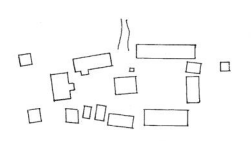

3　複数庭型　　　BREKKEN FARM　GUDBRANDSDAL

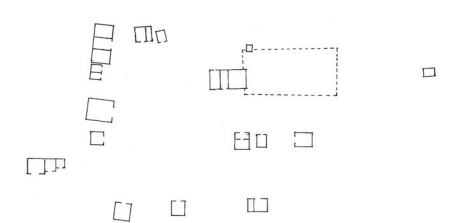

4　開放庭型　　　DÅSET FARM　　NUMEDAL

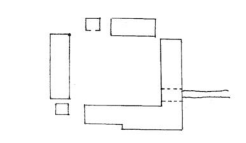

5　閉鎖庭型　　　NESTU FARM　　TRØNDELAG

図3　建物配置の5類型

Ⅱ 農場と建物　39

建物配置の5つの型

1. **群れ型**（房型）

　西ノルウェー地域に一般的に見られる配置。

　その地形が，ある法則に基づく配置を許さないほど厳しいものであるため，適当な場所を見出し，それぞれの建物を何とか建てたような，自然発生的な配置。

2. **列型**（1列・並列）

　南部，セーテスダール（Setesdal）やテレマルク（Telemark），東部と西部の境界辺りに見られる配置。

　狭くきつい傾斜地に位置し，一列の場合もあるが，並列配置となると，日常の生活関連建物は陽当たりの良い上部に列をなし，農場を支える他の建物は下側の列に配置され，間に中庭的空間［tun］が生まれる。

　中世までさかのぼり見られるタイプ。

3. **複数庭型**

　北部と南部の中間，グドブランスダール（Gudbrandsdal）辺りに見られる配置。

　建物が2つの中庭を構成するように配置される。

　1つの中庭［tun］の周りには，住居や倉などの生活関連建物が配置され，その中庭は人々の日常生活の場として，外部の居間的性格をもつとともに，冠婚葬祭などの特別な行事の場ともなる。もう一方の庭の周りには，納屋や家畜小屋などの農場を支える付属屋が配置される。そこは家畜のための庭である。2つの中庭の間には，倉（ロフト）が配置される。

　このタイプは，豊かな谷の富める土地所有農民の農場に見られ，建物は大きく，数も多く，30棟を超える建物が建つ例もある。

4. **開放庭型**

　東ノルウェー地域，ハリングダール（Hallingdal）やヌーメダール（Numedal）等に見られる配置。6棟から8棟の建物が間隔をおいて建てられ，それとなく中庭［tun］を構成する。中庭の形が，並列型よりは明確になる。

　スウェーデンやフィンランドの影響が見られる。

5. **閉鎖庭型**

　北部，トロンハイムを中心とするトロンデラーグ（Trøndelag）地域に見られる配置。

　この地域には，この型を可能にする比較的平坦で広い地形がある。

　トロンハイムは中世の首都であり，ニダロス城には聖オラブ廟があった。そのため，かつてはオスロと結ぶ巡礼道があり，巡礼者が往来していた。

　そんな関係もあり，このタイプはスウェーデンやデンマークの影響が強い。

02
主屋の構造と平面

構造

　ノルウェー民家の主屋は，木材を水平に組み，積み重ねて壁を構成する丸太組積構法であり，壁構造である。柱，梁の軸組構法と違い，壁ができ上がってから屋根架構が施されるのはいうまでもない。フィンランドやスウェーデンの民家と共通する構造だが，私は，技術的にはノルウェーが最も優れていると思っている。

　この構造体を加工する主たる道具は，斧であった。さまざまな道具やその使い方は，3国共通しているので省略する（拙著『フィンランドの木造民家』参照）。

　以下に，建物の部位ごとに個々に見ていく。

主屋各部
基礎と土台

　基礎は自然石で，建物の角下に，より大きな強いものを置き，細かいものは周辺の土台下に敷き詰められる。

　基礎の上には土台が載り，柱が立つ…それはスターヴチャーチのような軸組構造であれば当然の段取りである。

　しかし，木造であっても壁構造であると，土台とその上の壁材は同様な部材でも事足りるといえる。事実，フィンランドやスウェーデンでは明快な区別はない。土台という意識がないともいえる。

　つまり，土台とは柱を受けるものであって，軸組構法における部材の概念である。

　だが最下部の部材が一番荷重を受け，腐食しやすいのも確かである。ノルウェーの主屋を見ると，多くの住居の最下部の部材に，土台として意識し工夫しているものが見られる。これはスターヴ構法，つまり柱・梁の構造の伝統が受け継がれている証左とも考えられる。

1　上部壁材より一段と太く台形に加工された土台
2　直交する土台の下部がそろわないタイプ
3　軸組構法の柱を受ける土台
4　土台をまたぐように加工された柱

図4 土台構成図

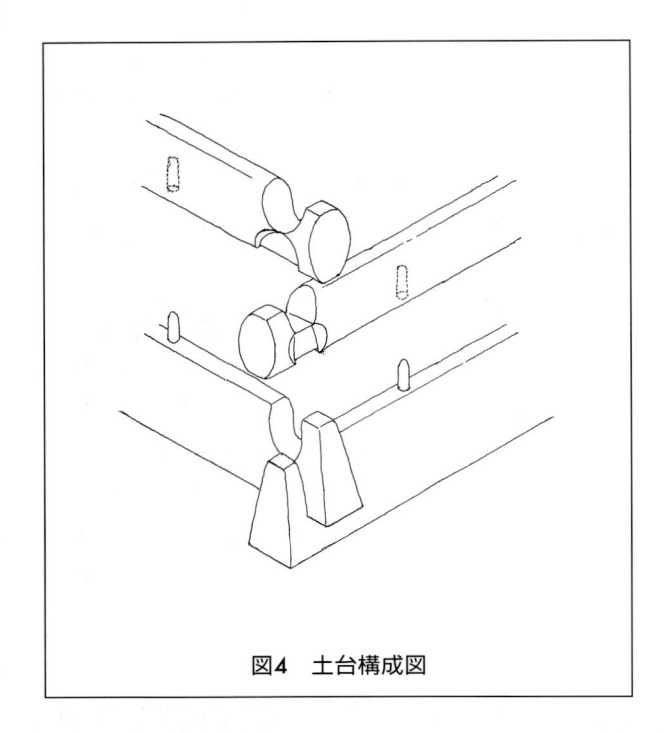

図や写真のように，最下部の部材は，上の壁材より一回り太い丸太を台形断面に加工している（図4参照）。
雨水の処理も良く，上に載る壁や屋根の荷重をがっちりと受け止めているといった表現であり，ロフトのたくましい土台や束の表現にも共通する。

壁

相対する壁となる2辺の上に置いた丸太に，直交する壁を構成する丸太を載せる。その際，部材のずれを防ぎ，密に組むための加工が必要となる。いわゆるノッチの加工であり，時代により地域により工夫が施され，変化が見られる。

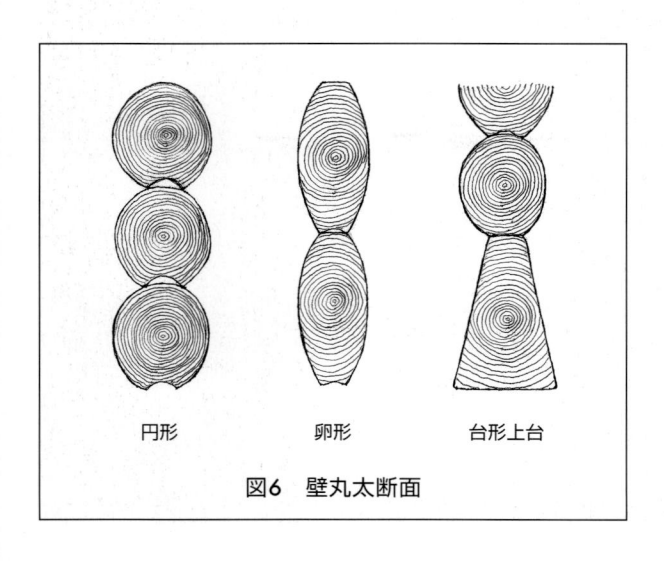

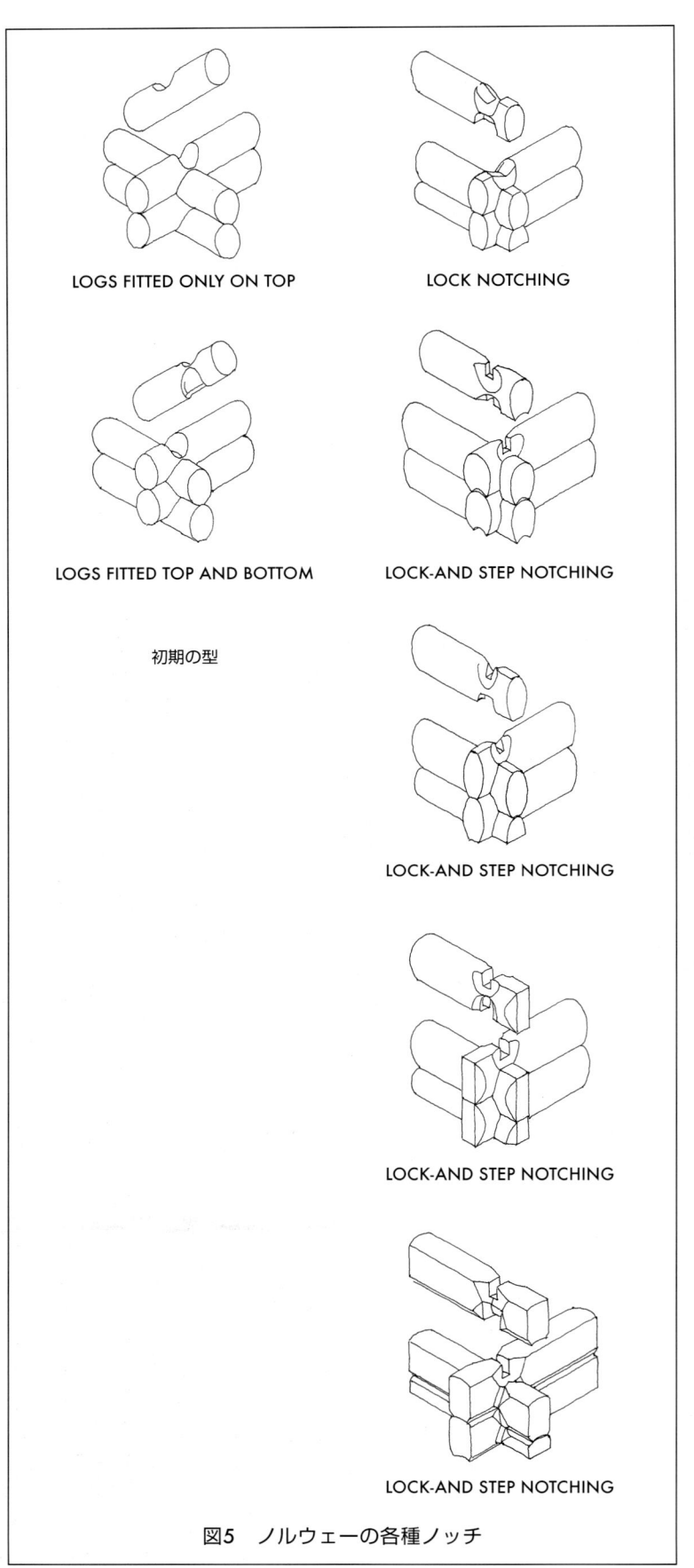

円形　　卵形　　台形上台

図6 壁丸太断面

LOGS FITTED ONLY ON TOP　　LOCK NOTCHING

LOGS FITTED TOP AND BOTTOM　　LOCK-AND STEP NOTCHING

初期の型

LOCK-AND STEP NOTCHING

LOCK-AND STEP NOTCHING

LOCK-AND STEP NOTCHING

図5 ノルウェーの各種ノッチ

ノッチの部分にも，この国の加工技術の精度の良さが見られる。他国のノッチには，その周辺にも削り込みが現れているが，ノルウェーではそれが目立たず，きわめて密に噛み合っている。

　繰り返し丸太を載せていくにあたって，ノッチの加工とともに，できるだけ隙間をなくすために，上に載る丸太の下端を下の丸太に合わせ加工する。ここには，さらに機密性を良くするために，苔や古布等が詰められる。

　丸太を重ねる際には，水平性を保つことを考慮し，丸太の元口と末口が交互に重なるようにする。でき上がった壁を見れば，太い元口の上には細い末口の側が載り，それが繰り返されているのがわかる。積み重ねられる丸太にも時代とともに手が加えられ，楕円形断面から角材へと変化する。角材となっても，丸太の中心から製材した心持ち材である。

　壁材の楕円形断面の加工を，彼らは「クマの太鼓腹」と呼ぶ。その加工をした壁材は，壁面を見ても，ノッチの先端を見ても実に滑らかで美しい（図6参照）。匠の技術の優秀さと住まいに対する想いの強さが表れている。工匠の技術と時間を要するのが，この構法の要である壁の構成であろう。

5　見事に加工された土台と壁丸太
6　「クマの太鼓腹」に加工された壁丸太とその先端の飾り加工
7　「クマの太鼓腹」に加工された壁丸太とその先端
8　壁は角材で，先端は六角形に加工された壁丸太
9　平ノッチ
10　平ノッチ

開口部

　積み重ねられた壁に開口部を設けるには，細心の注意が必要となる。壁を構成する部材を中間で切り取ることで，切り離された部分は，上からの荷重で左右にはらむ力を受ける。

　高さが必要な出入口では，多くの部材が切り取られる。そこで，はらみを防ぐための枠が工夫される。開口部の丸太の先端を尖らせ，そこに竪に溝を彫った枠としての角材をはめ込み，丸太のはらみを抑える方法が用いられる。一方，開口部の丸太それぞれの先端に斧で縦に溝を彫り，そこに角材や丸棒をはめ込みはらみを抑え，さらに枠材を取り付ける方法も使われた。窓回りは，ほとんどこの方法が使われる。これらの枠は，内側にずれるのを防ぐために，下部は下の丸太に立て込まれ，上部は枠どうしをつなぐ框で結ばれる。

　丸太は，特に横方向に収縮する経年変化を生ずるため，丸太を水平に積み上げた建物は，数年間は垂直方向に沈むので，竪部材はその点を配慮して使わなくてはならない。そこで，丸太の沈みを考慮し，建設当初には竪枠上部の部材と上の丸太とは間隔を空けておく。この開口部ディテールの開発によって，窓が大きくできるようになり，平面プランにも影響を与える。

11 入口開口部のはらみ止めと丸太の間に詰められた苔
12 壁丸太に食い込んだ入口のはらみ止めの枠
13 壁丸太の先端に差し込まれたはらみ止めの角材とドア枠
14 古い窓ガラス
15 鉛でガラス片をつないだ窓
16 飾られた観音開きの雨戸
17 壁丸太の先端にはらみ止め部材が差し込まれた修復中の窓
18 枠を取り付ける前の修復工事中の窓
19 中央に付いたひもで内部から引き上げる雨戸
20 部屋内から雨戸を引き上げる女性

屋根

屋根形は，主屋に限らず，すべて切妻である。

屋根仕上材は，当初は芝土が載せられていた。その下には，必ず防水材として，シラカバの樹皮が葺かれる。さらに，樹皮を剥いだシラカバの丸太，斧と楔で割り裂いた半割丸太，同様に加工された棟から軒までの長い板材，それらを一面に敷き並べる。そして斧で割り裂き加工した短い板材を葺き重ねるもの，などと徐々に変化していく。それらの下には，もちろんシラカバの樹皮が葺かれている。

21 大地が連続したように芝土を載せた屋根
22 半割丸太と板を重ねた屋根
23 板葺き屋根
24 柿板葺き屋根
25 鱗板葺き屋根
26 スレート葺き屋根

屋根架構の3つの型

屋根形を構成する架構には，時代と地域によって図のような3種類の型が見られる。

屋根架構の3類型　　1 垂木構造
（図7参照）　　　　　2 母屋構造
　　　　　　　　　　　3 垂木・母屋構造

1. 垂木構造

垂木のみで屋根形を構成する。妻側は丸太の壁が三角に立ち上がる。

屋根荷重により，平側の壁がはらむのを防ぐために，両側の壁を結ぶ繋ぎ梁が入れられる。

西部に多く見られる架構形式。

この架構は初期の建物に見られ，炉は主室の中央の平炉で，煙突はなく，屋根に煙出しの穴が設けられる。上昇し上のほうに溜まる煙を，できるだけ速やかに排出するために，煙出し口は最上部に設けるのが効果的である。

そのため棟母屋のないこの構造が好都合であり，垂木と垂木の間に設けられた。

2. 母屋構造

両側の妻壁の丸太の間それぞれに，母屋が架け渡される。

東部地方で用いられた架構形式。

炉は，主室の入口側角に設けられる。

3. 垂木・母屋構造

棟の母屋と壁上部に架かる垂木によって屋根架構を構成する。

中部地方で多く用いられた。

炉は主室入口側角。

この架構が多く用いられる中部地方では，架構下に陸梁を渡し，そこに部屋を設ける例が見られる。子どもの寝室として使われていた。

垂木構造

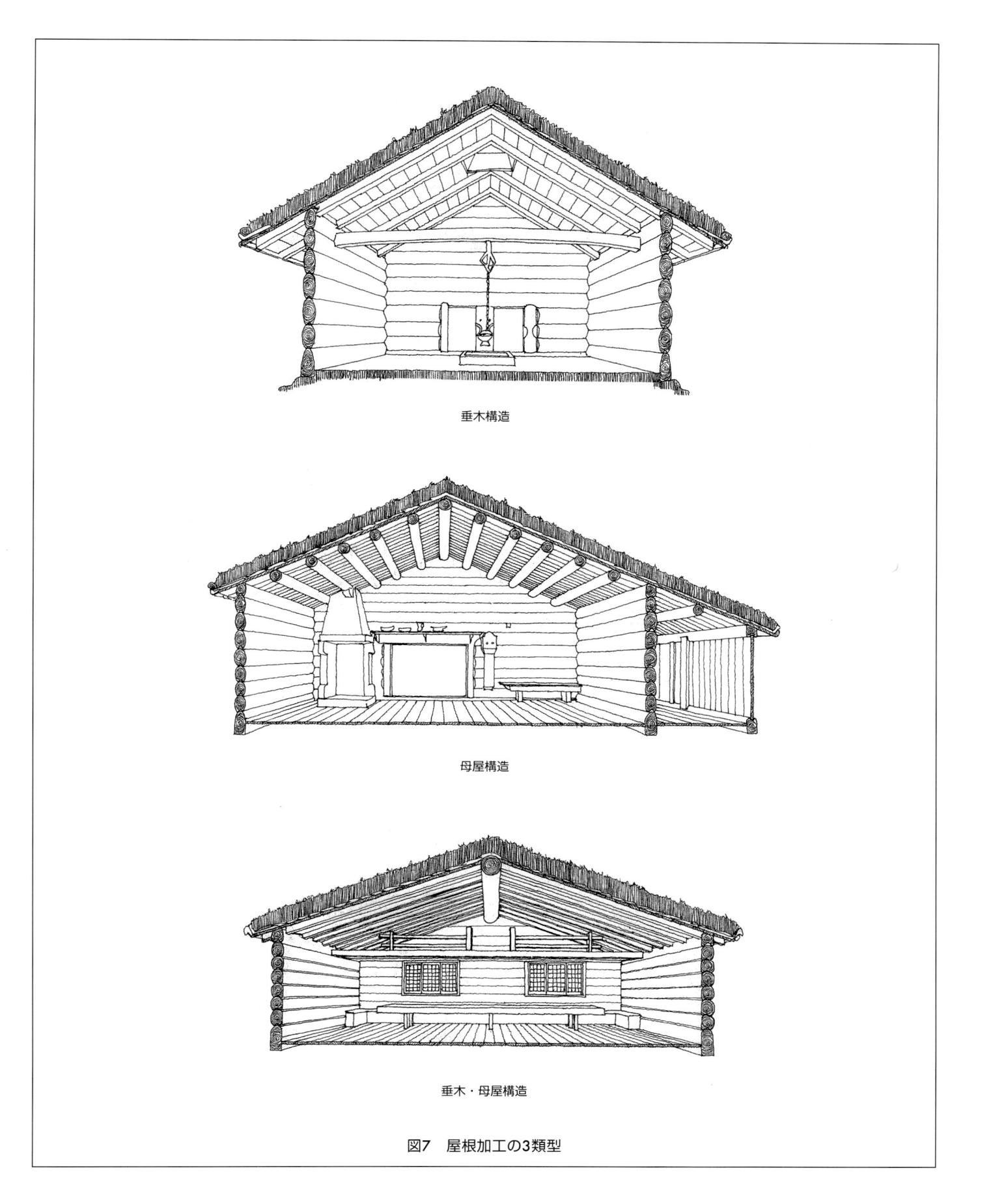

母屋構造

垂木・母屋構造

図7　屋根加工の3類型

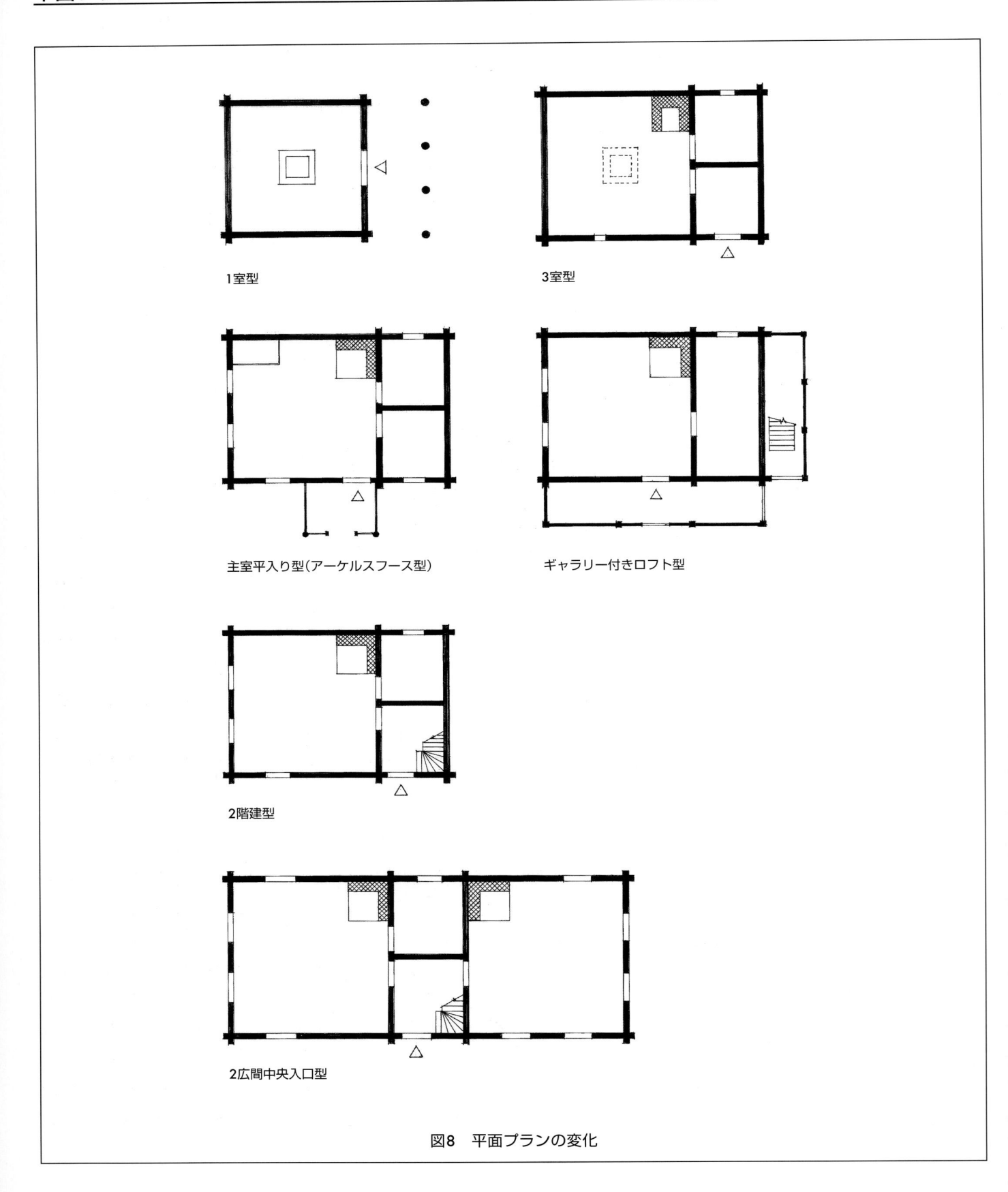

平面プラン

1室型

3室型

主室平入り型（アーケルスフース型）

ギャラリー付きロフト型

2階建型

2広間中央入口型

図8　平面プランの変化

実測調査によって平面プランを採取していくと，この国では特に，地域による特性を感じる。時代による変化（歴史性）以上に，地域による変化（地域性）が強い。

そこにはノルウェー特有の平面プランの存在が見られる。主室平入り型とギャラリー付きロフト型がそれである。

調査資料や文献資料を整理すると，平面型を以下のごとく整理することができる。

平面プランの6つの型 （図8参照）

「1室型」

初期住居は，土間床の中央に平炉を設けた1室住居であった。

炉の煙は，屋根の排煙口から排出する。

屋根は切妻で，妻側中央に入口が設けられ，その後徐々に，風除けのために入口まわりに簡単な囲いができる。

開口部は出入口のみで，窓はほとんどなく，室内はきわめて暗い。

この平面型は，フィンランド，スウェーデンとも共通する。

「3室型」

13世紀半ば頃から，1室住居の風除室が建築化され入口ホールとなり，そこへの出入口は平側となる。

入口ホール奥を仕切り小部屋とした3室型平面プラン。

主室は，居間，食事，応接，台所，寝室など，日常生活のさまざまな機能に対応している。

この段階で，平炉から蓄熱性の良い石で作られた煙突のない竪型の炉に変わり，さらに1500年代には屋根を貫く煙突が設けられ定着する。それによって床面は広くなり，床仕上げも板張りに変化していく。

炉は，主室入口の左右どちらかの角に設置される。冷たい外気を炉の熱で中和し，奥まで入れないための配慮である。

小部屋は多機能部屋であったが，後に窓が設けられ，同居する祖父母などの寝室として使われるようになる。

「主室平入り型（アーケルスフース型）」

家族の変化などの条件から，寝室を増やす欲求が生ずる。丸太組積構法では，妻側への増築が容易だが，余地のない立地の地形上，妻側への増築は困難である。そこで，3室型平面プランの入口ホールを寝室とすることを考えた。

しかしその場合，気温の低い外部から直接，入口ホールであったその寝室に入るわけにはいかないので，入口を主室の平側に移動した。

そのままではリビングルームでもある主室に，外部から他人も風や雪も直接入ることになる。中庭［tun］に面する平側には空地があるので，そこに防御のために軸組構造で切妻屋根のポーチを設けた。これによって，外部の居間ともいうる中庭［tun］との関係もより密になった。このポーチは，主屋の素朴な風情に対し，装飾的なデザインが施され，［tun］の意味合いを強めている。

この平面プランは，1600年代前半に導入され，トロンハイムまでの東部地域全体に普及した。その地域の県の名にちなんで「アーケルスフース型」とも呼ばれる。

　この平側のポーチから直接主室に入る平面プランは，同じ丸太組積構法の民家であっても，フィンランドやスウェーデンには見られない。ノルウェー特有な平面プランである。この国独特な平地の少ない厳しい自然環境，立地条件から生まれた平面型であると考えられる。

　このプランでは，炉は煙突のある竪型になり，床仕上げは板張りとなり，それが定着している。炉の位置は入口正面の角，3室型プランの位置のままで，入口が変わっても移動していない。寝室が増えても，主夫妻のベッドは常に主室の中に置かれる。その位置は，人の出入りが見える入口奥，炉の反対側角である。寝室の一つは老夫妻，もう一つは客用あるいは病人用に当てられた。

　この平面型成立の背景として，西ヨーロッパから入ってきたシンメトリーの概念を取り入れようとして，ポーチを中央に加え，立面を左右対称にしたとする見方を，一部の学芸員から聞いた。しかし私は，庶民の生活空間である民家の平面型成立の条件としては，生活に関わる条件や立地条件などがより強く作用したとするのが妥当であると考える。

「ギャラリー付きロフト型」

　主室平入り型平面のバリエーションで，主室平側に直接設けられた出入口の前を，全面ギャラリーで囲んでいる。ギャラリーの屋根は，主屋の屋根を延長している。その屋根は，土台をまたぐように立てられた柱で支えられている。壁は厚板を立てている。

　主屋妻側に2階への階段が設けられ，一部2階建の独特な立面をしている。2階は収納室で，まれに寝室として使われていた。この平面プランも立面も，フィンランドやスウェーデンでは見られない。

27 主室平入り型平面で，入口側前面を囲ったギャラリー付き住居
28 ギャラリー付きロフト型平面の住居
29 ギャラリー部入口
30 ギャラリー部内部

「2階建型」

　煙突の導入により，可能になった総2階建プラン。階段は入口ホールに設置された。
1600年代に東部や南部地域に建てられた。

「2広間中央入口型」

　入口ホールの両側に同規模の居間がある平面プランで，1700年代に始まり，初期には大きな農場や役人の住宅に使われた。1800年代からは小さな農場でも建てられるようになる。
　入口ホールの階段で2階へ上がる。地域によってこのプランのバリエーションが現れる。

平面プランの特徴

　これらの平面プランの変化に見られる，ノルウェー民家の平面プランの特徴とその背景を考えると，以下の2点が大きく関わっているのが見える。
- 自然環境が激しく変化するこの国の地域性
- 炉の位置と形式

地域性

　第Ⅰ部「Ⅰ 風土と歴史」で見たようなこの国の厳しい自然環境，それは地域によってさまざまに変化する。この厳しい自然環境は，かつて陸路での人々の交流を拒むものであった。人々はその地域の自然環境を積極的に受け入れ，そこで生活するための住まいを工夫する。その積極性が，この国の独特な環境とともに，地域ごとに異なる平面プランを生み出している。それはまたノルウェー特有の住居平面ともなっている。
　傾斜地で狭い土地に建てられた住まいに，特に顕著にその特徴が出ている。
　主室平入り型平面やギャラリー付きロフト型は，その特徴が表れたノルウェー独特な平面プランの型である。
　フィンランドやスウェーデンでは，部屋を増やすに当たっては，妻側に直列的に増築していくが，それが困難な平地の少ない地形であるために工夫された平面型である。

客用寝室の存在

　さらに特筆しておきたいのは，主室平入り型プランなどにおける客用寝室の存在である。
　他国では，2階建住居になると，2階部分を客用とする例が現れるが，平屋で小規模なプランに客のための寝室の用意はほとんど見られない。その部屋は，日頃主室で共に寝起きする家族の誰かが病気になったときなど，その病人のために使われる部屋でもあった。したがって，併用する部屋ではあるが，客用として用意していることに，この国の人々の資質が感じられる。
　より厳しい自然環境の中，訪れる旅人には，温かな食事とともに一夜の宿が与えられた。それが，北欧3国の中でも特に厳しいこの環境の中で生きる彼らの共通の意識でもあったのだろう。

炉の位置と形式

　1室住居の時代，炉は部屋の中央の床面に設けられた平炉であった。その後，石を積み上げた竪型の炉が導入されるとともに，それは部屋の角に移動される。同時に，その後の平面プランの基本形となる3室型平面が誕生する。

　当初，その炉には煙突がなく，室内に充満する煙を屋根の排煙口から排出していたが，その後，煙突が付くことによって，煙が室内に充満することもなくなる。さらに，煙突の考案は，2階建プランをも可能にした。

　炉は，入口ホールを入り，主室入口の横の角に置かれる。それは侵入する冷たい風を炉の熱気で中和させ，奥まで入れないための配慮だった。これは3国ともに共通している。

　厳しい自然環境が影響した主室平入り型平面では，入口の位置が変わっても，炉の位置は入口側に移動させることなく，3室型平面の位置そのままである。入口のほぼ正面が炉になる。しかし，このプランの炉の形態を見ると，パン焼き用の穴がなく，炉の壁は二方のみで，三方を囲むタイプはきわめて少ない。このプランでは，台所は別室または別棟となっている。部屋の角に設けられた二方壁のL字形の炉は，入口側にも部屋の中央にも燃える火が見えるようになっている。ポーチから主室に入ると，正面に見える炉に燃える火が迎え入れてくれる。

　炉を囲う壁にも工夫が見られ，柔らかな石鹸石に美しく加工した炉囲いが現れる。石鹸石が生産される地域であろうか，それには西欧の建築の一部を模した加工がされている。それによって単なる炉の囲いではなく，室内に力を与える存在となっている。

　19世紀には，調理の機能としては暖める程度で，暖房の機能のみとなった鉄製の暖炉が導入される。

　炉の移動によって床面は解放され，部屋の可能性がより広がった。そこで行われる生活行為の場も生まれ，それに伴う家具もより充実していく。特にその後，収納家具が充実し，さまざまなタイプが現れる。その収納家具もまた，さまざまな花の絵で彩られる。

31　主室正面で人を迎え入れる炉
32　やすらぎを与える炉の火とあかり用のくぼみ
33　加工された軟らかな石鹸石の二方壁
34　炉囲いの加工詳細

03 主屋の空間的特徴

主室内部空間

内向きの世界―家族の空間

　農場の建物の中で，前に見た倉（ロフト）はきわめて立派に造られていた。それは外部に対して豊かさのメッセージを伝える，外向きの表現といえる。

　それに対して，住居の外部は大変質素で素朴な表情をしている。しかし，主室内部に入ると，その壁はまったく違う表情を見せている。壁丸太は，丁寧に滑らかに仕上げられ，時にはそこはペインティングしたバラの花の絵で埋め尽くされている。まるで花園である。特にテレマルク地方の民家に際立って見られる。スウェーデンの民家にも絵で埋め尽くされた部屋がある。しかしそれは晴れの日のための特別室であり，日常は閉ざされていた。いわば非日常空間であり，外向きの世界である。

　それに対してノルウェーのこの主室は，家族が集い，食べ，寝るといった日々の生活を過ごす，家族のための日常空間である。大テーブル，炉，ベッド，それらの周辺が特に家族の集う場であった。そこは，長く暗い冬の間も，やがて来る花の咲く春と夏の光を感じさせる世界でなくてはならない。ほのかな炉のあかりに照らされた壁や天井の絵は，炉の暖かさとともに，外部の荒々しく御しがたい自然に対し，内部空間に秩序をもたらすものであった。

　農場の周辺を取り巻く森，そこはかつて未知の世界であり，伝説の怪物トロルの住む世界だった。夜，そこからはさまざまな獣の声や不気味な音も聞こえてきたことだろう。人々の交流も阻むほど起伏が激しく，特に厳しい自然環境に囲まれたこの国の住居は，それらの外界から身を守り，家族を包み込む避難所でなくてはならない。そのため内部空間はより密度の濃い充実した空間で，外部の厳しい自然環境とは隔絶した別世界となっている。

1　ヘッダール野外博物館に移築された家のバラの花などの絵で埋め尽くされた室内
2　壁・天井同様にベッドも彩色されている
3　天井に彩色された主室
4　ヴィラン農園の家では食器棚も豪華に彩色されている

5 ストーブの上のバラの中の顔は，この家の8人の娘の一人に恋をした絵描きが，その娘が寒くないようにそこに描いたものだという逸話が残っている
6 天井や妻壁の絵とともに，壁や梁を単色で塗った主室
7 外部の居間といい得る中庭［tun］に面したポーチの装飾

倉（ロフト）や特別室の外向きの表現に対して，ここには内向きの世界が存在した。

　住居の外部の装飾的表現は，主室平入り型平面プランのポーチの柱や入口ドアまわりなどに見られるが，それも外部の居間ともいい得る中庭［tun］に面し，そこに表情を与えるものだった。その中庭が彼らにとっていかに大切な空間であったかの表れともいえる。

光とあかり

　南欧の，遮らなくてはならないほど強烈な陽光。日本の，内と外とをつなぐほど優しい自然と穏やかな光。一方，北欧の，長い冬の闇，短い夏の沈まない太陽の光。その夏の光も，真上からよりも常に斜めから射してくる。北欧のこうしたままならない陽光のありようも，住居に内向きの世界を作り出す要素であった。そこには自然の光とともに，炉のあかりも重要な要素として作用している。

　「炉の中にとじこめられた火は，おそらく人間にとって夢想の最初の対象であり，休息の象徴であり，休息への誘いであった。」(『火の精神分析』G.バシュラール，せりか書房)

　調理をするための炉に燃える炎のあかりが，人々をひきつけ安息を与える対象であったことは言うまでもない。さらには調理のためだけでなく，燃える炎を人々によりよく見せるための炉の工夫がされている。前述した主室平入り型平面の炉は，調理に関しては温める程度であり，むしろ燃える火を家族によりよく見せる意図が感じられる。炉囲いは二方のみで，部屋のあらゆる角度から見ることができる。

　あかりは，モノを燃やすことによって得られるものだった。ローソクが発明され普及する以前は，マツなどの樹脂の多い木片を燃やすことによってあかりを得ていた。そのために木片を支持する道具もさまざまに見られる。

　火を燃すことによってあかりを得るために，炉にもそのための加工をした例が見られる。

一般的な火床だけでなく，炉を囲む石壁の一部，床からの高さ65cm位の所に20cm角ほどの凹みが作られている。その凹みの部分で，油分の多い木を燃やす。それは炊事や暖をとるためではなく，あかりを得るためである。あかりの重要性は，北欧の他の国にも共通することだが，この仕掛けはフィンランドやスウェーデンには見られない。

メールダール（第Ⅲ部03参照）やスルナダール（第Ⅲ部04参照）の民家の主室には，部屋の中央部，炉に近い位置に，天井から鉄製の皿が吊り下げられている。その周りには，それを取り囲むように数脚の椅子が配置されている。聞けば，その鉄製の皿に火を焚き，婦人たちがそれらの椅子に座り，そのあかりで編み物をして過ごしていたのだという。長く暗い冬の日々の作業だったのだろう。その中央の鉄製の皿は，暖をとるためではなく，あかりを得るための仕掛けであった。

ローソクが普及してからの扱いにもさまざまな工夫が見られる。ソグンダールに保存された民家の主室大テーブルの上には，魚の形をした長いローソク立てが吊り下げられている。この燭台が使われたときには，随分と明るく感じ，集いもにぎわったにちがいない。

8 鉄製の炉前に置かれた，あかりとして木片を燃やすための3本脚の支持台
9 あかり用の火を灯すために設けられた炉の側壁の凹み
10 ローソクが置かれた炉の側壁の凹み
11 天井から下げられ周りに婦人たちが集まったあかり取り
12 大テーブル上の魚の形をした燭台
13 ベッド脇に掛けられた燭台

家族の座の位置

　テレマルク地方の民家では特に，主室奥の壁際にベンチが造り付けられ，その手前に大テーブルが配置されている。この大テーブルの周辺は，炉の周辺とともに主室の中で特に家族の集う場であった。壁際のベンチは，左手奥と正面の二方にL形に配する場合と，正面と両側の壁際の三方の場合とがある。

　テーブルの手前には，独立したベンチが置かれている。このテーブルの周りに座る家族の席は定められていた。左手奥，大テーブルの短辺の位置は，その家の主の席であり，相対する短辺の位置は女主人の席だった。大テーブルの奥の壁際は男たちの席であり，手前は女たちの席であった。女たちは，食事の給仕の役割があり，その関係で動きやすい手前に座ることになっていた。

　主人の席の角の壁には，壁の両側にまたがる三角形の戸棚が取り付けられている。小物入れであり，聖書や主人の大切なもの，パイプや金などをしまっておいたのだという。同様な戸棚が，女主人の席の脇の壁にも付けられている場合もある。

　厳しい環境の中で生活し生き延びていくためには，家族がそれぞれの役割を分担し協力しなくてはならなかっただろう。そこには秩序を維持し統率する家長の存在が必要だった。家長は，統率者であるだけでなく，使用人をも含めた家族を尊重し大切にする存在でもあった。家長の席には書見台が置かれ，そこに聖書が載せられていたりする。家長が，そこで家族に聖書を読み聞かせていたのだ。

14 主室正面全面の大テーブル。壁の両サイドの物入れは，左が主人，右は女主人用
15 大テーブルの壁側は男性，手前は女性の席
16 主人用物入れとテーブル上の書見台

天井下子ども部屋の存在

　南部ブスケルー（Buskerud）地方の民家の主室内部空間には，これもまたフィンランドやスウェーデンの民家には見られないものがある。天井下の小空間である。それは，切妻屋根の勾配なりの天井下，平側の壁から壁に渡された梁の上に設けられている。梁の上に板が載せられ手すりが付けられただけのものと（第Ⅲ部17参照），その前面を三角形の板壁で覆ったもの（第Ⅲ部16参照）とがある。その妻形の板壁の中央には，扉が付いている。いずれもその前面中央にはしごを掛けて登る。はしごは，日中は天井下に吊り上げられている。そこは，子どものための寝所であった。

　一般的には，子どもも主室のベンチなどで寝るのが常であり，子ども室は設けられていなかった。年頃になった娘だけは，夏の間だけ，馬小屋の2階で寝ていた。

　ノルウェー民家には，屋根裏部屋ともいいがたい特別な子どもの寝所が用意されている。このように子どもの領域が確保されている民家は，他では見られない。地域は限定されるが，ノルウェー独特な主室内部空間である。

17　子ども部屋に使われる場合もある，珍しい水平引き戸を開けて入る2階入口
18　天井下のオープンな子ども部屋
19　天井下を一部完全にふさぎ扉を付けた子ども部屋

禁忌の表現

　この国の民家主室の中には，死者あるいは肉体と魂に関わる禁忌の思想の表現ともいえる装置が仕掛けられている。

　一つは，ロムスダールやテレマルク地方に見られる，死者を葬る時，その亡骸を家から外へ出すために設けられた壁の穴である（第Ⅲ部05および11参照）。その穴は，切り取られた壁丸太がそっくりそこに嵌っているので，日常はその存在に気づかない。気づかないほどにできていることに意味がある。亡骸を外へ出す時には，通常の出入口からは出さず，壁丸太を外し，その穴から出すのだった。それは，死者の魂が家に戻って来ないように，出た場所をわかりにくくするためだという。死者の魂がさまようことのないようにとの配慮でもあった。

　もう一つは，2つの小部屋入口のドアの間，主室側に設けられた容れ物である。そこに入れるものは，家族が切った爪や髪の毛であった（第Ⅲ部17,18参照）。それは縦長で奥行の浅いもので，そこを覆った板の上部に小さな丸い穴が開けられただけのものと，扉が付き，手前が浅い小物入れで，その奥が上から床下まで穴が開けられたものとがある。いずれの場合も，上部の穴から爪や髪の毛を入れ下へ落とす。これは，肉体の一部である爪や髪の毛には魂が宿っていると考え，それをあちこちにばら撒くことを忌み嫌うタブーに基づいている。そのために用意された容れ物であった。

　日本にも，かつてはさまざまな葬送の儀礼が行われていた。出棺は，玄関など日ごろ家族が出入りする口ではなく，縁側から出すことは広く行われていたが，その際，地方によって付随するさまざまな儀礼が行われていた。それらの儀礼は，生者に死の穢れが及ぶことを避け，死霊と縁を切り，再び戻ってこないようにするためだった。

　しかし，フィンランドやスウェーデンを含め，建物に出棺のための仕掛けがされた例は見い出せない。

　また，日本でも肉体の一部であった切った爪を無造作に捨てることを戒めたり，胎児を包んでいたエナは，人に踏まれたほうが子どもの成長に良いということで，人が通る戸口の下などに埋める慣習があった。

　しかし私は，切った爪や髪を納める容れ物が建物の一部に用意された例は，これまたフィンランドやスウェーデンにも発見していない。これらの，建物に設けられた葬送や肉体と魂にかかわる仕掛けは，ノルウェー独特な禁忌の表現といえるだろう。

主室における領域と境界

領域設定の存在

すでにこれまでにフィンランドとスウェーデンの民家の主室における「しきり」の存在については発表してきた（『フィンランドの木造民家』1987年,『スウェーデンの木造民家』2006年,ともに井上書院刊）。それは,主室内部にいくつかの領域が設けられ,その境界に棚板や角材を仕掛けることによって,象徴的に「しきり」の役割をもたせるものだった。それには「クラウンビーム」や「プアーマンズビーム」といった独特な呼び名も付いていた。それらの「しきり」は,フィンランド民家に見られる,一室を機能的に使い分けるための領域設定によるものと,スウェーデン民家の他者との関係によるものとがあった。

ノルウェーの民家にもそのような「しきり」の存在を追求していく中で,垂木構造の架構の陸梁の位置に疑問が生じた。

この構造の住居ではいずれも,主室入口を入って最初の1本は炉の角に架けられている。もう1本の梁の位置が,奥の壁にあまりにも近すぎる。奥に置かれた大テーブルの真上よりも奥,壁から50,60cmしか離れていない例もある。平側の壁がはらむのを引き寄せる役割であれば,部屋中央に近い位置に架けたほうが効果的である。

スルナダール（第Ⅲ部04参照）の民家を調査に行ったとき,そこでたまたま出会った,民家の修復や復元をする棟梁に,そこにも在る陸梁についての疑問と"しきり"についての私の考えを投げかけると,彼は非常に強い関心と興味をもった。彼も陸梁の位置に疑問を感じ,いろいろ調べ始め,はらむのを防ぐためであれば,図9や写真のように先端が外部に出ているはずだと,確認のため外へ回って見たが,出ていない。彼はさらに,手持ちの本を出して調べてみたが,これも出ているものといないものとがある。彼も,疑問を感じながらかえって深みにはまってしまった。しかし特別な名前はないという。

棟梁や学芸員等の話を総合すると,彼等はその梁に境界としての結界的な意味合いをもたせてはいないし,その認識はないのがわかった。

オーレスンのスンモア野外博物館に保存された民家「ストランダの家」を見ると,やはり炉の角に一本の梁があり,二本目は奥の大テーブルの上に在る。それらの梁の内側は,布を張り飾られている（次ページ写真24参照）。スウェーデンにも,祝い事の際,二本の梁と,その高さの壁に布を張り,それらに囲まれた空間を飾る習慣があった。しかし,その一本目の梁は潜らなければ入れないほど低い位置だった（前記拙著参照）。

ここの梁には,そのような他者の侵入を止めるほどの強い意図があるとは考えにくい。この布で飾った梁の存在を見ると,二本の梁が空間に大きく作用していたことが感じられる。

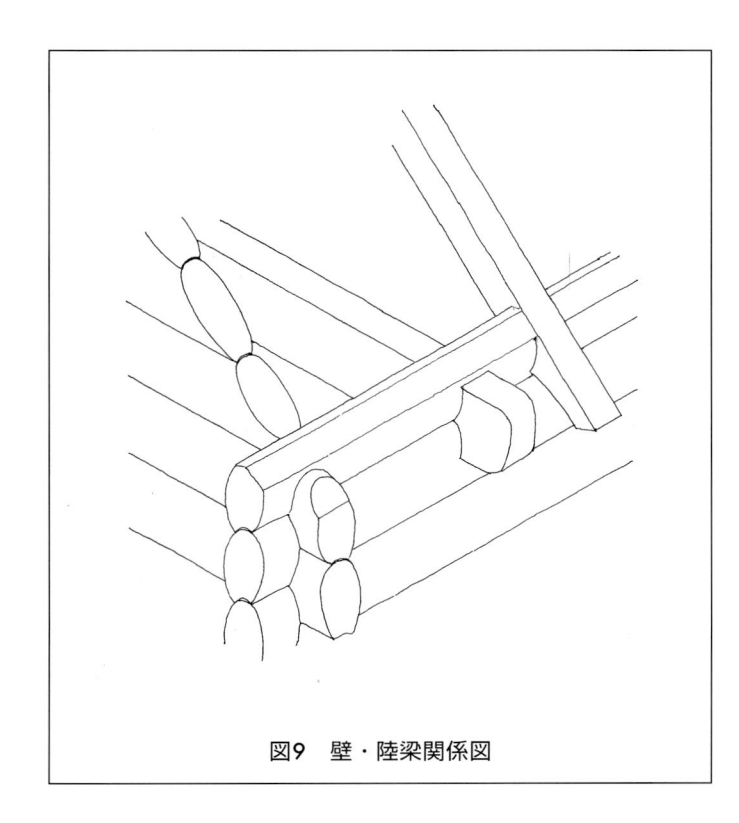

図9　壁・陸梁関係図

主室の空間を必要以上に区切っている。

この感覚は，他の家でも奥の梁が部屋の中央近くに在る家では，同様に感じられる。その存在の強さは，ここで過ごす人々の意識にも強く働きかけていたことが理解される。この梁の存在が空間に働きかける強さを嫌い，奥の梁を壁際にずらしたことも考えられる。

家具配置によって，主室の中の領域の存在を確認してみる。平面プランの基本型である3室型平面では，その主室内の炉は部屋入口側の角に設けられ，炉の対角線上の角ないし奥の壁面前に，ベンチや大テーブルが置かれる。ベッドは通常，炉の奥の角に置かれている。

入口を挟んで，炉の反対側の位置には，食器棚などが取り付けられたり置かれたりしている。炉のある入口側は，調理などの家事空間として使われている。部屋の一番奥の大テーブル周辺は，家族が食事をし，集う場であり，時には接客の場ともなる。炉の奥のベッドは主夫妻の寝場所となる。

このような家具配置により，主室の中に基本的な領域が存在するように見えてくる。しかし，この配置は決定的ではなく，平面型によっても変化する。特にベッドの位置が変わる。炉の隣であったり，入口脇だったり，炉の対角線上の角にもなる。

ノルウェーの民家の平面型は，地域によってさまざまに変化する。それに伴って，主室の中の場の設定もさまざまに変化している。これは，地域性の強さ，すなわち人の往来も困難な自然環境によって全国的な定型が生れ難い環境の影響ともいえよう。フィンランドやスウェーデンのような，地方に共通する決定的な領域設定が確認できない。

ノルウェーの民家の主室には，統一的な領域設定は存在しない。そして，棚板や角材のような境界の象徴は存在しない。しかし，それぞれの地方の平面型で，主室の中にさまざまな場を設定し，家族が過ごしやすいように使い分けていたのは確かであり，機能的な配置がなされている。

20 外部に飛び出し壁に支持された陸梁の先端
21 しっかりと留められた陸梁の先端
22 ストランダの家
23 炉の角とテーブル上に梁があるストランダの家主室
24 2本の梁の内側が布で飾られている

他者との関係 ―「歓待」の精神

　では，他者との関係はどうだったのだろう。スウェーデンの民家の主室には，炉の角に，知らない人はこれ以上奥へ入ってはならないことを暗示するバーが在った。それには「プアーマンズビーム」と名も付いていた。泥棒や物乞いに対する警戒だった。

　ファーゲネスのスカッテブー村の家（第Ⅲ部18）には，主室入口脇の壁沿いに，奥に向かってベンチが造り付けられている。しかしそのベンチは，入口側から1m足らずの所に設けられた戸棚で途切れている。その意味を聞くと，物乞いが来たときなどは，まずそこに座らせ，何かもてなすものなどを用意したのだという。つまり，他者を建物の入口で拒絶するのでなく，主室まで入らせるが，入口脇のベンチまでだということを示している。

　また，ネースビーエンのヴィラン農園の家（第Ⅲ部15）などの主室には，きわめて特徴的なベンチが置かれている。それは，長いベンチの背板が前後に回転するものだ。背板は，座の短辺の中央に立つ支柱から延びる腕木に取り付けられ，その支柱と腕木の取付け部が動く。それによって背板が前後に回転する。

　同様なベンチは，スウェーデンの民家にも存在した。しかし，それは主室ではなく，ハレの日のための特別室に置かれていた。ノルウェーの民家にはそのような特別室はなく，主室の大テーブルの手前に置かれている。背板を回転させ大テーブルの側にすると，人はテーブルを背にして座ることになる。何故そんな仕掛けがあるのか聞くと，窓からこちらへ来る他人が見えた時，主が，あの客は共に食事をする客ではないと判断すると，背当てをテーブル側にしておくのだという。客を招じ入れはするけれど，長居はさせない。家具が主の意思を表現している。

- 物乞いに対応する入口脇ベンチ
- 主の意思を表現する背板回転ベンチ

　いずれも，家具によって他者との関係が表現されている。どちらの場合も，他者を拒否はせず，招じ入れている。しかし人により，時により，その対応は変化する。

　つまりここでは，他者に対する主室の中の領域は，他者のありようと時によって変容する。梁や角材による固定的な領域設定ではない。ここには，排他的ではない他者との関係が見えてくる。

　平面プランで見た客用寝室の存在にも，他者の受容が感じられる。小さな民家の中に，他国にはほとんど見られない客用の寝室が用意されている。一夜の宿を乞う旅人を受け入れもてなす。追い返すことができない厳しい自然環境を熟知しているが故であろう。

　ここで思い当たるのが，第Ⅰ部の01で見たノルウェー・ヴァイキングの活動と，彼らの神オーディンの教えである。
　『エッダ―古代北欧歌謡集』（谷口幸男訳，新潮社）の中の「オーディンの箴言」と，それをさらに親しみやすく改訳したもので，現地で手に入れた『ヴァイキングの知恵〔オーディンの

箴言〕』（谷口幸男訳，GUDRUN社，1994）が手元にある。これは，ヴァイキングの最高神オーディンの教えを表したものである。

この「エッダ歌謡」の中の格言詩「オーディンの箴言」がいつどこで書かれたかについては，西暦700年から900年の間で，ノルウェーやアイスランドなど諸説あり確定していない。しかし確かなのは，この詩の精神が，ヴァイキング時代の精神と文化の影響を受けていることだとされている。

その中に，次の詩が出てくる（『ヴァイキングの知恵』P.19-20）。

「客」	「炉端」
気前のいいご亭主よ	膝を凍えさせ
客がきたぞ	着いた人には
どこにかけてもらおう	火が必要だ
出入り口近くに	山々をこえて
座らねばならぬ者は	きた人には
腰が落ち着かぬ	食べ物と衣服が必要だ

あるいは，箴言の中には，次のような語りもある（〔オーディンの箴言〕136）。

「ロッドファーニバル，わしの忠告をいれよ。いれれば役に立つ。きけばお前のためになる。客を嘲笑するな。垣根の外に追い出すな。みじめな人々には親切にせよ。」

これらには，他者に対する「もてなし」の心構えが説かれている。その底流にあるのは，「歓待」の精神である（『『歓待』の精神史』八木茂樹，講談社選書メチエ参照）。このような他者に対する「歓待」の精神は，ヴァイキングの精神の流れと，ノルウェーの風土・歴史が大きく作用していると考えられる。

キリスト教化しても，「スターヴ・ヒルケ（チャーチ）」と呼ばれるその教会建築に，ヴァイキングのモチーフを用いた彼らの出自にこだわり貫く精神。デンマークやスウェーデンによる永い支配の歴史の中でもその精神性を失わず，独立の機運によりそれらを再び掘り起こした事実。起伏が激しく厳しい風土を知り尽くした人々なればこその，他者に対するおもいやり。それらが，この国の民家における主室の，内部空間の構成に影響しているものと考えられる。

人々の交流が困難なほど起伏が激しい地形は，この国独特な［主室平入り型平面プラン］を生み出した。暗く長い冬を耐えるために，日常空間である主室にあかりを工夫し，ところによっては春を思い，そこをバラの花の絵で埋め尽くした。そこは，外の厳しい自然に対する避難所として，共同体の基本である主を中心とした家族のための内向きの空間であった。外界の厳しい環境を知り尽くした彼らは，他者を拒絶することなくもてなした。それによって他者を取り込み内化する。そして共同体が維持される。ここには他者を拒絶するような建築的装置は存在しない。家具が人の意思を語り，大きな役割を果たしている。

25 入口脇に残されたベンチ
26 背板が回転するベンチ
27 背板が回転するベンチ
28 回転する背板を上にしたところ
29 背板の腕木と支持板の結合部

Ⅱ 農場と建物

Ⅲ 各地の民家

掲載民家の位置

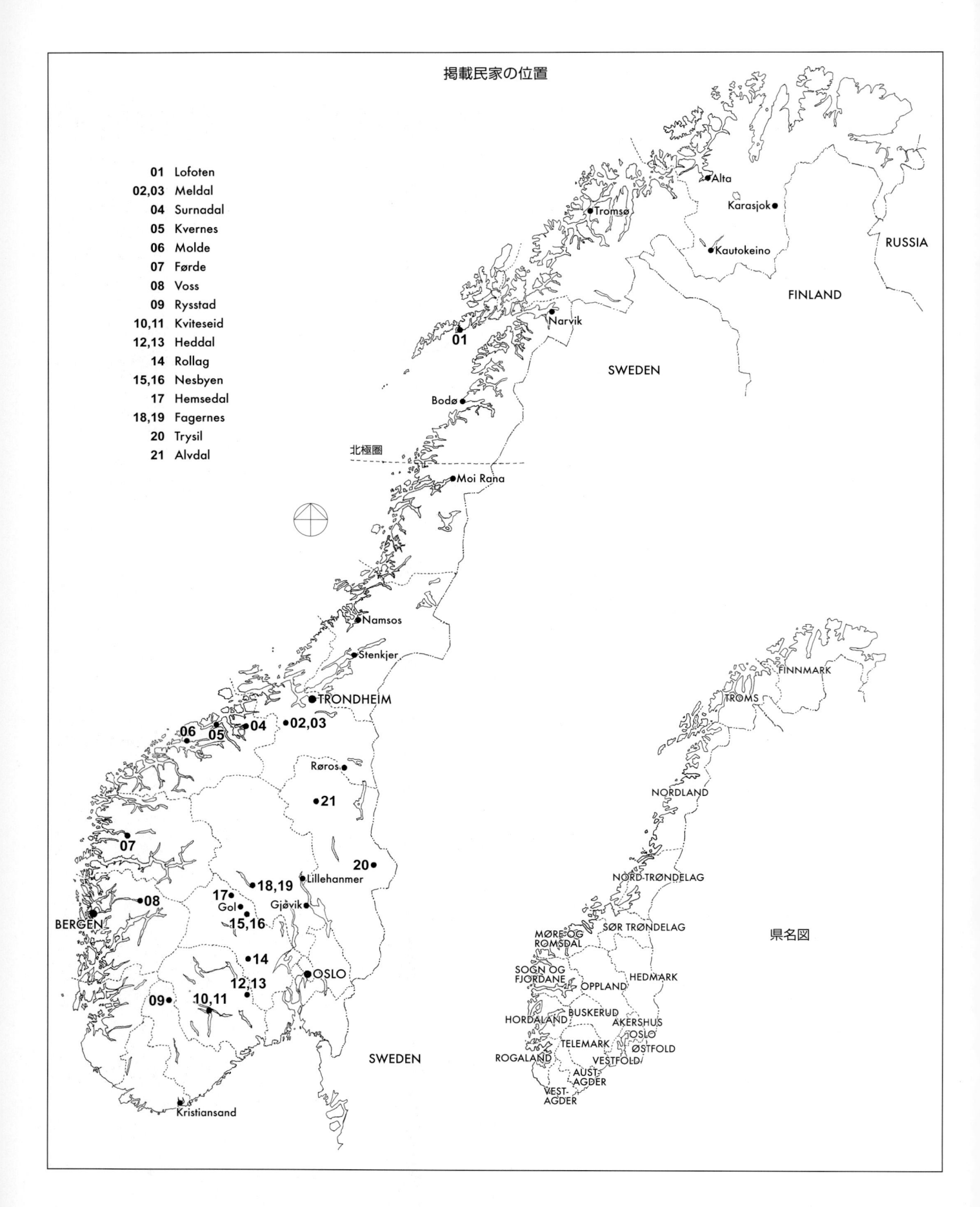

- 01　Lofoten
- 02,03　Meldal
- 04　Surnadal
- 05　Kvernes
- 06　Molde
- 07　Førde
- 08　Voss
- 09　Rysstad
- 10,11　Kviteseid
- 12,13　Heddal
- 14　Rollag
- 15,16　Nesbyen
- 17　Hemsedal
- 18,19　Fagernes
- 20　Trysil
- 21　Alvdal

北極圏

県名図

掲載民家リスト（ノルウェー）

建物名称	平面型	特徴	建設年代	現所在地	地域
01 ロフォーテンの漁民小屋	特殊型	繁漁期共同住宅	1797	Vågan, Lofoten	Nordland
02 メールダールの農園住居	3室型	3室型2棟分連結 主室中央灯明皿	1780	Meldal	Sør-Trøndelag
03 貧しい使用人の住まい	3室型	1室型形式平炉	17C	Meldal	Sør-Trøndelag
04 煙突のない家	3室型	主室中央灯明皿	1761	Surnadal	Møre og Romsdal
05 エッキルス島の家	3室型	死者送り壁穴	17C	Kvernes	Møre og Romsdal
06 夏のゲストハウス	特殊型	炉なし	1616	Molde	Møre og Romsdal
07 オステンスタ村の家	3室型	煙突なし	1500, 1860	Førde	Sogn og Fjordane
08 ブートルフ家住居	1室型＋3室型	平炉1室型に3室型を増築 2階建 現地保存	1850	Voss	Hordaland
09 リグネスタ農園の家	1室型＋3室型	平炉1室型に増築 現地保存	1590 1800	Rysstad	Aust-Agder
10 小作農の家	主室平入り型	室内彩色	17C	Kviteseid	Telemark
11 フレクストヴェイト村の家	主室平入り型 2階増築	ローズペインティング 死者送り壁穴	17C 1738	Kviteseid	Telemark
12 フーラ村の小作農の家	3室型	室内彩色	1780	Heddal	Telemark
13 ゲストハウス	3室型	丸柱付きギャラリー	1744	Heddal	Telemark
14 ロースタ村の家	3室型＋地方裁判所	屋根裏子ども室	1732	Rollag	Buskerud
15 ヴィラン農園の家	主室平入り型	ローズペインティング 背板回転ベンチ	1750	Nesbyen	Buskerud
16 高台の家	主室平入り型	屋根裏子ども室	19C	Nesbyen	Buskerud
17 ローキー村の上の方の家	主室平入り型 食料庫付随	屋根裏子ども室 厄物入れ 現地保存	1650	Hemsedal	Buskerud
18 スカッテブー村の家	主室平入り型	入口脇ベンチ 炉に灯火用火床 厄物入れ	1725	Fagernes	Oppland
19 アンドリース・ヴァングの家	3室型	炉に灯火用火床	19C初	Fagernes	Oppland
20 インビグダ村の家	主室平入り型	作業場含む	1800	Trysil	Hedmark
21 アルヴダールの農園 　冬の家 　夏の家	 主室平入り型 主室平入り型	現地保存 仕切り垂れ壁 仕切り垂れ壁	18C	Alvdal	Hedmark

ロフォーテンの漁民小屋

現所在地："The Lofoten Museum", Vågan, Lofoten, Nordland
旧所在地：Lofoten
建設年代：1797年

　ロフォーテン諸島は，古くからタラ漁の基地であった。車で走っていると，第Ⅰ部「02 植生と生業」に記した，タラを干すための柵が随所に見られる。この海辺には，漁民たちが漁期に寝泊りした小屋2棟と納屋が保存されている。居住小屋は，いずれも日常の住まいではないが，漁師が，繁忙期をどんな空間で過ごしていたかを知ることができる。

　実測平面図の建物は，その中の1つの居住用建物で，1797年建設とされている。漁期の2月初旬からイースターにかけ，このような小屋1棟に8人から12人が一緒に生活していた。
　外壁はすべて竪羽目で囲われているが，2つの構法によって構成されている。
　平側の外階段を上って入った前室は，柱・梁の架構の外側に簡単な竪羽目の壁を張って

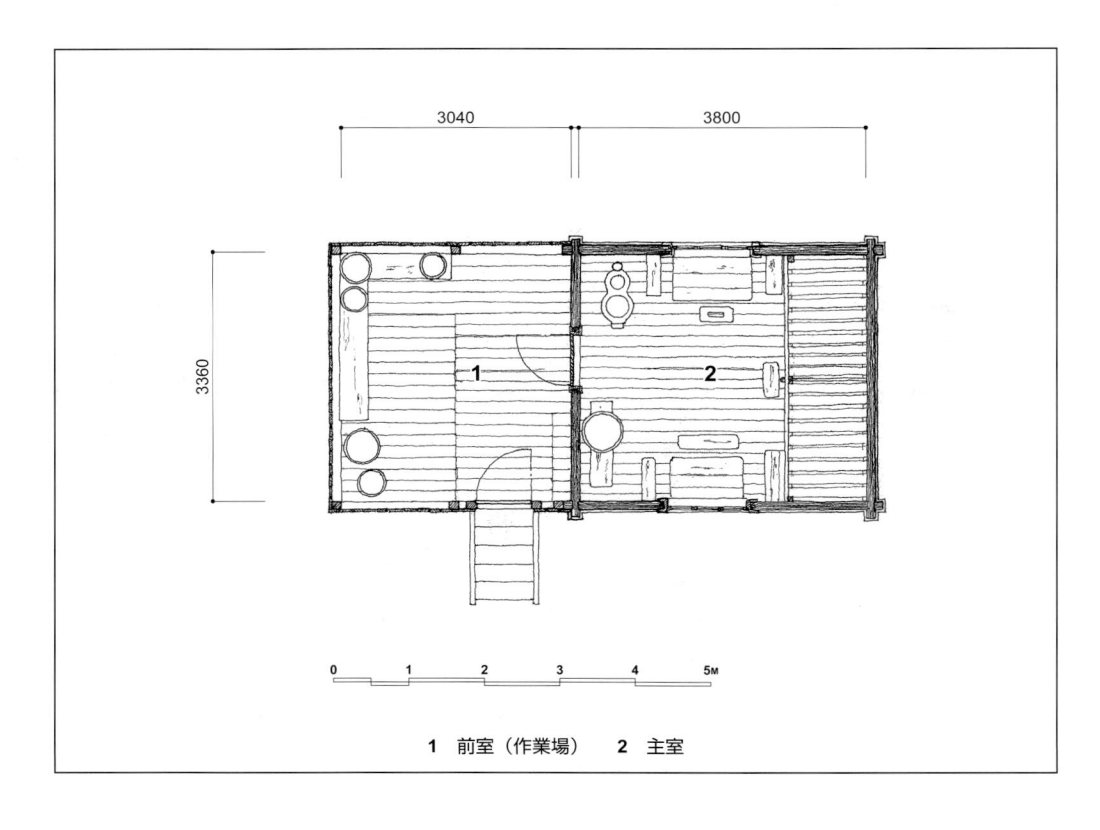

1　前室（作業場）　　2　主室

いる。そこは，魚網や濡れた衣類を乾かす乾燥室であり，作業場でもある。

主室は丸太組積構法でしっかりと造り込まれ，その外部をさらに竪羽目で覆っている。部屋に入るとすぐ左手に鉄製の炉（ストーブ）が1台。暖をとるとともに，炊事の場である。主室正面奥の壁際には，2段ベッドが2列，全面に造り付けられている。そのベッドには，1つのベッドに2人が一緒に寝ていたのだという。

ベッドの手前，両側の壁に窓が穿たれ，それぞれの窓に面してテーブルが造り付けられている。食事やくつろぎの場であるが，きわめて簡素な室内である。

この小屋の目の前に，この小屋2つ分の内容を含む，ひと回り大きな漁民小屋が残されている。2箇所の入口があり，一つは建物先端の平側，一方は反対側の妻側が入口で，その入口脇に便所が設けられている。箱型ベンチの座に丸い穴を開けたタイプだ。

妻側入口を入った前室は，魚網が干されたり樽が並んだりした作業場でもある。主室奥のベッドは，ここでは天井までいっぱいの3段になっている。その手前は，窓やテーブルなど，前の小屋とほぼ同じ作りとなっている。

この部屋の反対側も，前室は他と同様，魚網が干されたりした作業空間。ところがこの主室には，やや大きなテーブルが2台あるが，そこにベッドはない。しかし，小屋裏に床が張られ，はしごで登るそこが全面ベッドとなっている。

もう1棟の軒高が高く大きな建物は，納屋であり，2棟の居住小屋とは構法が違う。2本の角材を重ねた土台の上に柱を立て，それぞれを桁と梁でつないだ軸組構法となっている。

ところが，土台と柱の関係を見ると，それぞれを加工し，柱は土台をまたぐようにして立てられている。さらに，壁の板は，土台上部に加工されたV溝に落とし込まれている。その溝には水抜きの切り込みも入れられている。これらのそれぞれの部材の関係と加工は，前に見たスターヴチャーチとまったく同様である。

1 海辺に建つ手前2棟の居住小屋と奥の納屋

70

2 外部は竪羽目で覆われ切妻屋根の上に芝土が載せられた平面図の漁民小屋
3 前室正面。天井から魚網や浮きが下げられている。右手ドアの奥が主室
4 前室妻側壁，隙間のある板張り
5 主室入口脇の鉄製のストーブとテーブル
6 主室のもう一方のテーブル
7 主室正面の2連2段ベッド
8 2種類の居住空間を含むもう1棟の漁民小屋
9 漁具であふれた前室
10 入口脇に設けられた便所の中
11 奥に3段ベッドが造り付けられた主室
12 主室の簡素なテーブルと鉄製ストーブ
13 もう一方の居住空間の入口前室
14 2階のベッドスペース
15 ベッドがすべて2階に設けられた主室
16 軸組構法の納屋
17 構法の違いがよくわかる納屋の内部
18 土台をまたぐ柱と土台の溝に差し込まれた壁板

Ⅲ 各地の民家 | 71

02 メールダールの農園住居

現所在地："Meldal bygdemuseum", Meldal, Sør-Trøndelag
旧所在地：Meldal
建設年代：1780年，その後増築

1 管理棟の奥へ進むと，この建物の妻壁が見えてくる
2 傾斜地上部から見た住居。屋根は芝土が載せられている
3 入口側全景

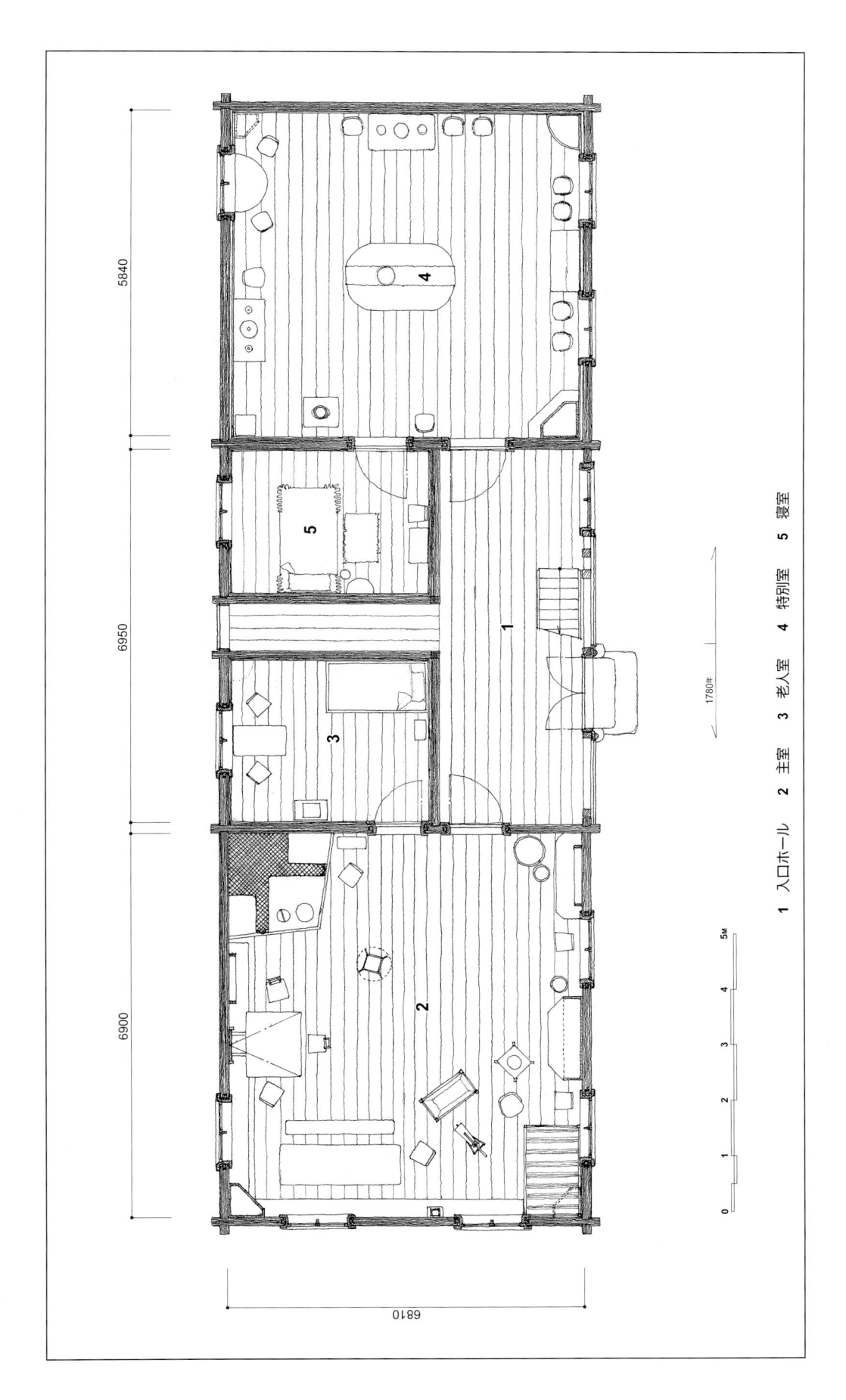

1 入口ホール 2 主室 3 老人室 4 特別室 5 寝室

Ⅲ 各地の民家

勾配のきつい街道から，見過ごしそうな狭く急な脇道に入り，すぐ左に折れると，車を何とか4,5台止められるほどの狭い空地に出る。そこに受付，管理の小さな建物があり，その奥右手の急な傾斜地に20棟ほどの建物が移築，保存されている。

　管理棟の奥に建つ，総2階で規模の大きな住居。かつての農園の住居棟である。
　入口を入ると目の前中央に，裏口に向かう通路がある。その両側の壁の角のノッチは平ノッチで，両者に時代の差が現れている。
　入口ホールを挟んで同規模の部屋が配置されているが，それらの部屋の丸太組積構法と違い，ホール入口側の壁は，柱を立て，竪羽目で囲った簡素な造りとなっている。これによって，間をおいて建てられた両者をここで繋いでいるのがわかる。
　入口左手のドアを入ると，初期に造られた主室。奥行が7m近くある広い部屋である。左側の壁沿いに食器棚が2台並んで置かれ，一番奥の角にはベッドが置かれている。ベッドの近辺には，幼児の揺りベッドや糸繰り機が置かれ，そこが子育てや女性の日常の家事の場であることを示している。
　奥と右側の壁際にはベンチが造り付けられ，手前に大テーブルが置かれている。家族の集いの場であり，接客の場である。
　入口側右手角には炉が設けられている。炉の壁の先端は，柔らかな石鹸石を加工し，特徴的な柱型が彫り込まれている。炉の両側の窪みは薪置場。
　炉から部屋奥の壁には，壁から延びる腕木にテーブルが取り付けられている。そのテーブルは，壁と腕木の取付け部の回転によって，使わない時は上に持ち上げ，壁に平らに納めることができる。この地方でよく見る仕掛けである。

　この部屋で特徴的なのは，炉の近く，部屋中央寄りに，天井から吊り下げられた鉄製の煙突の付いたフードとその下の皿の存在である。一見すると暖炉に見えるが，それにしては位置が高過ぎる。実はその主たる役割は"あかり"である。この皿の上で木っ端を燃やし，それをあかりとして，女性たちがその周りに集まり編み物などをしていたのである。
　燃える火の炎は，単なるあかり以上に，人を惹きつけ集める力をもっている，と考えられる。それぞれの家具に，ここでの人々の営みが見えてくる。そして，隣の小部屋は老夫婦のための寝室である。

　反対側のもう一つの大きな部屋，ここは増築部分で，いわば特別室である。部屋の中央に楕円形の大きなテーブルが置かれ，その上にはローソクのシャンデリアが下がっている。壁際には美しいカップボードなどが置かれ，銅像や写真が飾られている。反対側の主室に比べ，生活観がまったく感じられない。この部屋の隣の小部屋は，カールXV世が村を訪れた時に泊まった寝室ということで，部屋の中央に，民家にはまったく似つかわしくない，天蓋からのカーテンで囲まれたベッドが置かれている。
　この家の主は，村の名士であった。家の規模や内容からもそれがよくわかる。この部屋は結婚式やクリスマスなどのハレの日にも使われたが，それは一般的なものではなかった。
　2階は物置や作業場，そして臨時の寝室などになっている。

4 正面入口まわり
5 裏側中央部
6 入口軒と樋受け
7 入口ホール。右手の階段と奥の特別室
8 入口ホール。2つの小部屋の壁ノッチの違い
9 ホール左側の主室正面。左側にベッドや揺りかご，右手にテーブルやベンチ

Ⅲ 各地の民家

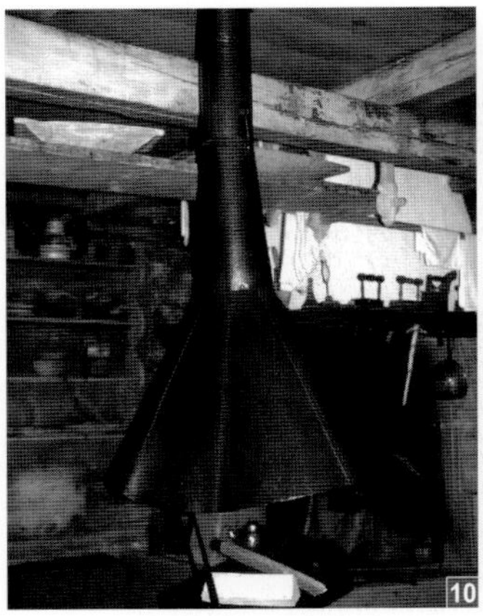

10

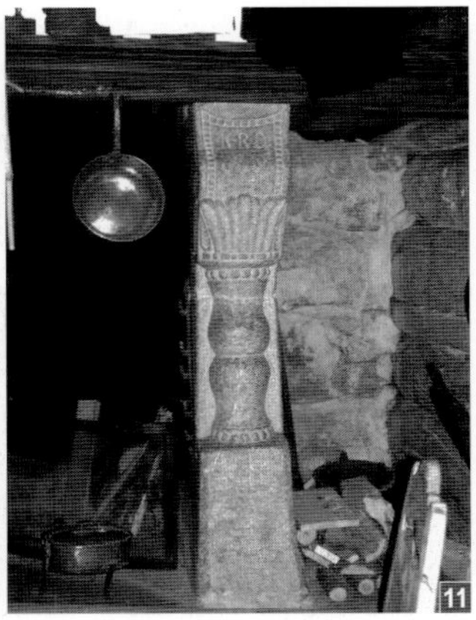

11

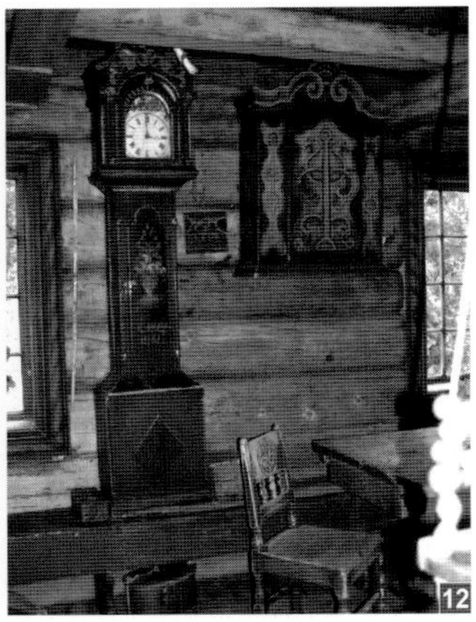

12

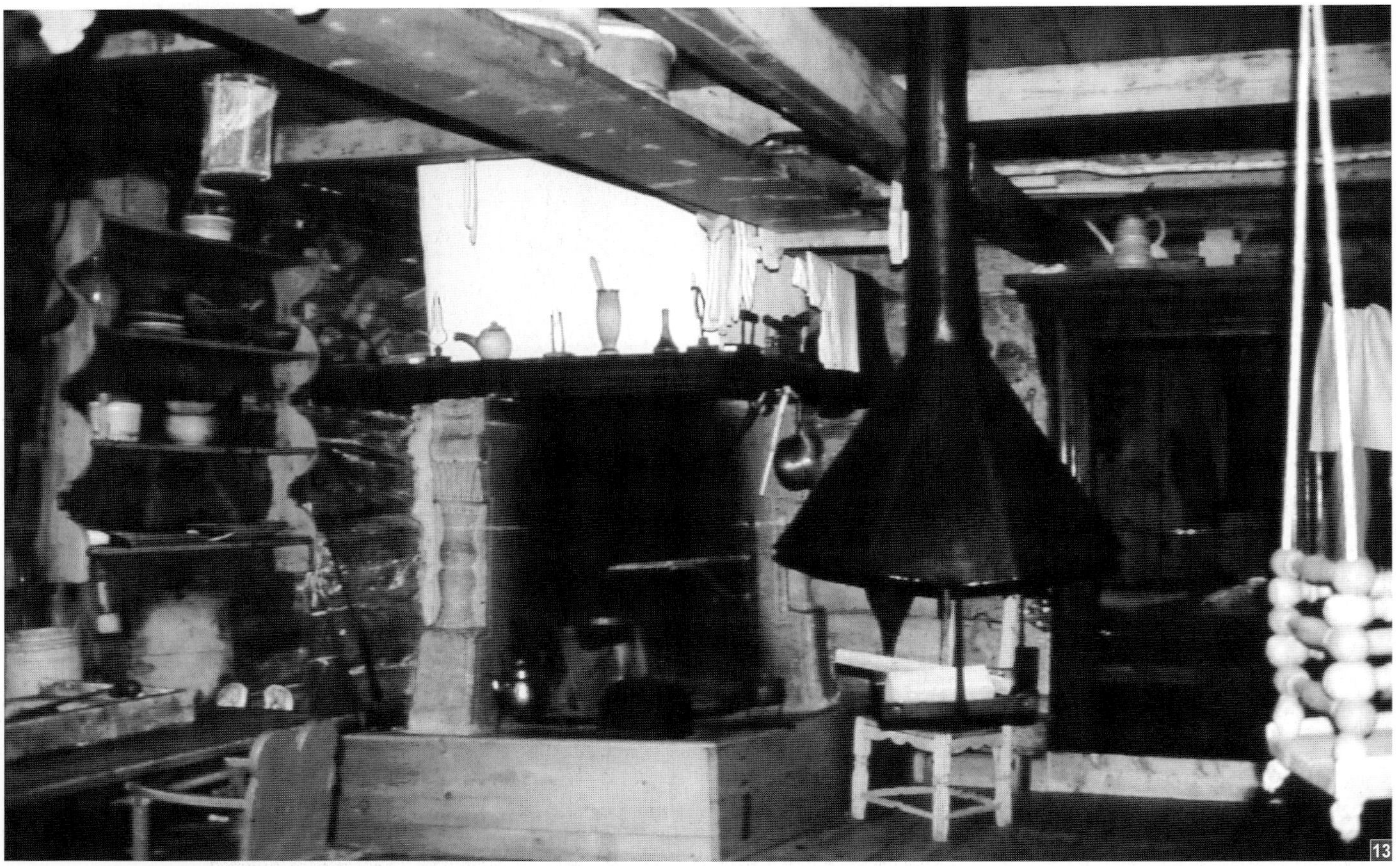

13

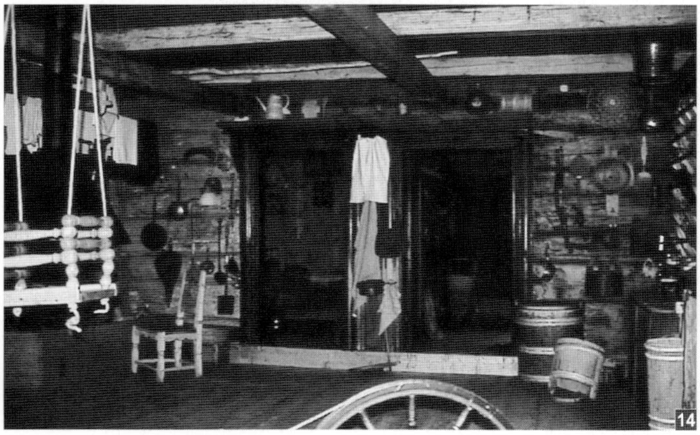

14

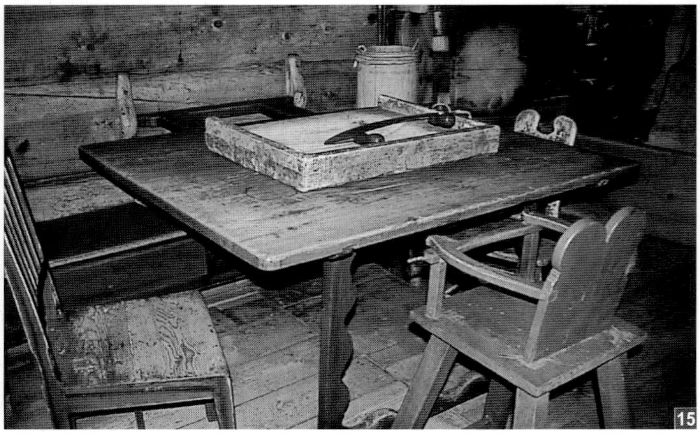

15

10 天井から吊られたフード付きの灯明皿
11 丁寧に柱型が彫り込まれた炉の側壁。脇は薪置場
12 主室正面壁際に付けられた時計と小物入れ
13 主室炉周り
14 主室入口側
15 主室炉の脇に取り付けられた跳ね上げ式テーブル
16 綺麗に整えられた特別室正面
17 カールⅩⅤ世が泊まった寝室のベッド
18 特別室入口側。右側は寝室への出入口
19 主室の側の老人用寝室
20 右手に1階からの煙道がある2階物置

Ⅲ 各地の民家 | 77

03 貧しい使用人の住まい

現所在地："Meldal bygdemuseum", Meldal, Sør-Trøndelag
旧所在地：
建設年代：17世紀

　前記「02メールダールの農園住居」と同じ野外博物館の，その傾斜地の上のほうに建てられているのが，この17世紀の貧しい使用人の住まいだった建物である。

　建物右手，積み上げられた壁材の土台上4本分が切り取られ，出入口が設けられている。出入口の両側の壁材には，竪に溝が彫られ，そこに分厚い板がはめ込まれ，その下部は土台に差し込まれ，壁材のはらみを防いでいる。その板材は，幅を狭くし，そこにさらに別な枠材を入れるのが本来の方法だが，ここではそのままドア枠ともなっている。貧しさの

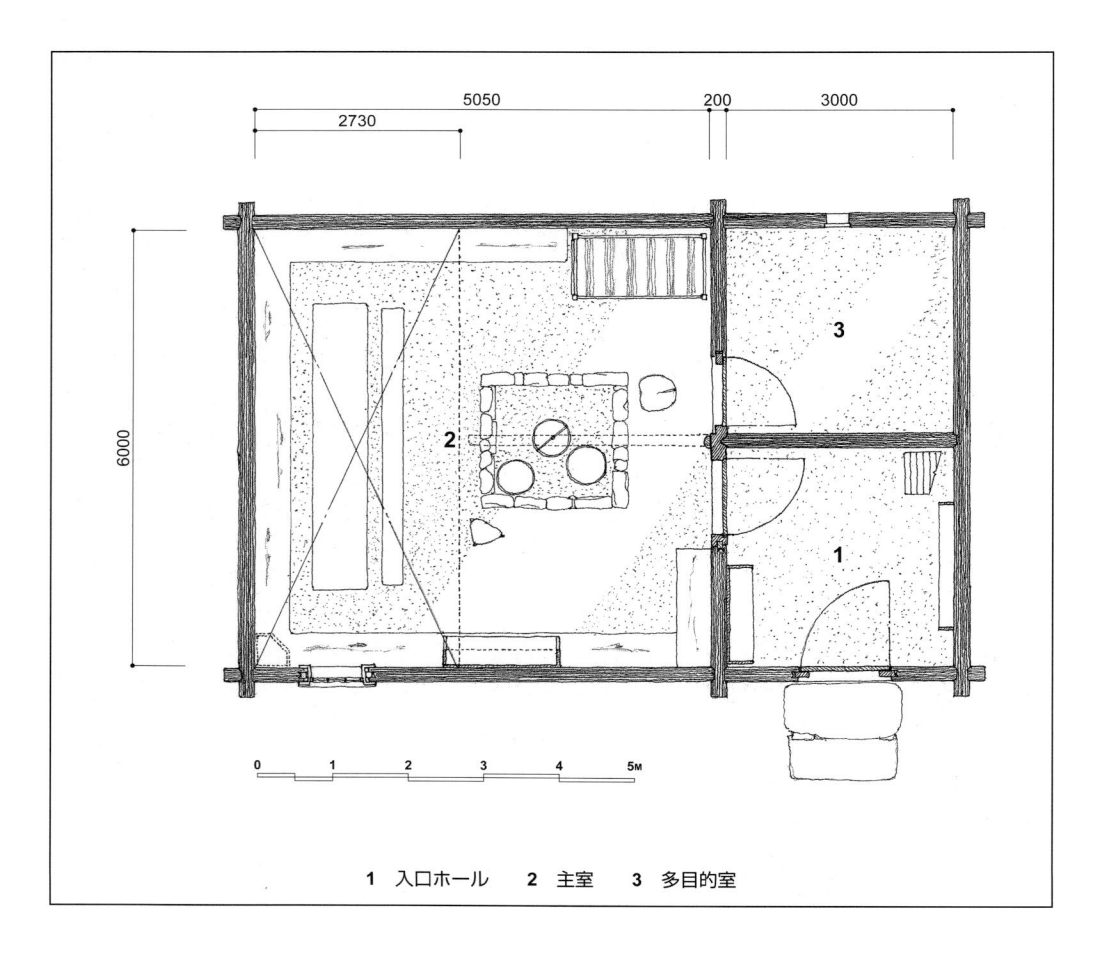

1　入口ホール　2　主室　3　多目的室

表れともいえる。

　壁材の最下部は，上部の部材とは異なり，台形断面に加工され，明らかに土台として上部荷重を受け止める意志が表現されている。

　この住まいの平面プランは，入口ホールとその奥の多目的室，そして主室からなる3室平面である。しかしこの主室は，土間床で中央に平炉が設けられている。その意味で，住居の基本形である1室住居の内部を示してもいる貴重な建物であるといえる。

　平炉の上部の屋根には，煙出しの穴が開けられ，下から棒で操作する天蓋が付いている。天蓋を開けると明るくなるが，壁に一箇所だけ開けられた窓の光では，内部はかなり暗い。

　入口側から炉の上に延びた腕木に，自在鉤が取り付けられ鍋が掛けられる。奥三方の壁際にはベンチが造り付けられ，その中央に大テーブルが置かれている。大テーブル上部は物置になっている。

1　角材の組積造の壁の上に芝土の屋根を載せた主屋
2　上部の丸太より太い材で台形に加工された土台
3　壁材4本を切り取り，そこにはらみ止めの厚板をはめ込んだ入口
4　右手のはしごで奥の小部屋の上に登る物置が見える入口ホール

5 樋の上に防水材としてのシラカバの樹皮がのぞく軒先
6 屋根に開けられた煙出し口を開閉する棒が下がっている
7 炉と鍋を掛ける鉤と奥のベッド
8 平炉の奥に大テーブルが置かれた主室

04 煙突のない家

現所在地："Surnadal bygdemuseum", Eidet, Surnadal, Møre og Romsdal
旧所在地：
建設年代：1761年

　クリスティアンサンの東，65号線を外れた丘の上に建っている。入口ホールを含め3室型平面の住居だが，主室は一辺7mを超える広い部屋である。棟近く左右対称に妻壁を結んで丸太の母屋が渡され，その上に垂木が載せられている。正面の壁に沿って2本の角材が立っているのは，後に入れた補強材であり，外部の同じ位置にも角材を立て互いにボルトで締め，

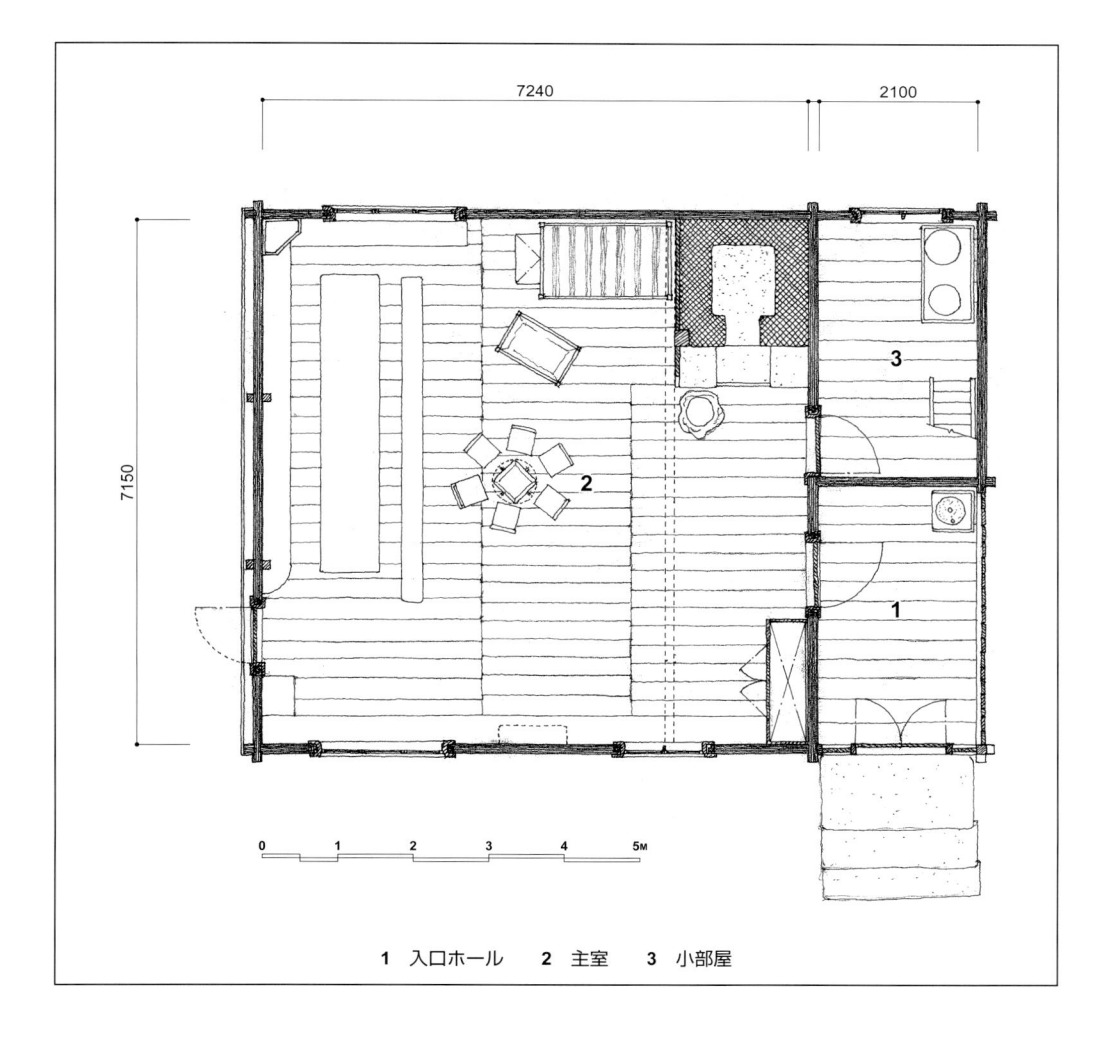

1　入口ホール　2　主室　3　小部屋

壁のはらみを防いでいる。

　両側の窓からの光が屋根勾配なりの天井に反射し，比較的明るく気持ちの良い空間になっている。主室入口右手の角に炉が設けられているが，この炉には煙道がない。煙は屋根の煙出しから排出する。入口左手壁際には，カップボードが設けられている。このプランの家具の定位置である。奥の壁際にはベンチが造り付けられ，手前に大テーブルが置かれている。これも定位置。ベッドは，メールダールの住居と違い，炉の隣に置かれている。

　この家にも，前記「02メールダールの農園住居」同様，部屋の中央に，屋根勾配なりの天井から，灯明皿が下げられている。ただし，ここのものにはフードの上に煙突が付いていない。それぞれ形が違う椅子や，炉の前の床に置かれたシラカバの瘤を加工した物入れ。それら手作りの物に，この国の人々の木に対する強い想いが感じられる。正面の壁に外部に通じるドアがあるが，その外部の壁をさらに板壁で覆っているため，開けることはできない。

　この部屋には，炉の角に，両側の壁から壁へ1本の角材が架け渡されている（平面図点線部）。その角材は，両側の壁がはらむのを防ぐ役割ならば，その位置がもっと部屋の中央寄りであったほうが効果的である。しかし部屋の4分の1ほどの位置にある。スウェーデンの

1 丘の上に移築されたこの家の芝土の屋根の上には煙突がない
2 煙出しの設けられた天井
3 右手の壁には土台と桁の間に板が差し込まれた入口ホール
4 入口から見た主室
5 主室角の貴重品入れ
6 小部屋内部
7 炉の角に架け渡された梁が見える主室入口側
8 部屋のほぼ中央に下げられた灯明皿
9 煙突のない入口角の炉。床にあるのは物入れに加工されたシラカバの瘤

プアーマンズビームと名付けられた梁を思い出す。

　第Ⅱ部「03領域設定の存在」に記した民家の修復や復元もする大工棟梁に，その角材にはその前後で空間を分ける"しきり"の役割があるのではないかと私の考えを伝え，彼の考えを聞いたのがこの民家である。その角材に特別な名前は付いていないという。

　その角材が空間に大きく作用しているのは確かだが，彼らはそれに結界的な意味をもたせてはいないことがわかった。

エッキルス島の家

現所在地：Kvernes, Møre og Romsdal
旧所在地：
建設年代：17世紀

　上から見ると，芝土を載せた屋根が，丘の中腹が盛り上がったかのように見える。入口右手は，角に柱を立てその間を竪羽目だけでふさいだ物置。主屋との境も，角材を積み上げた主屋の壁の先端に柱を立て板壁でふさいでいる。物置部分は別構造になっている。主屋部分は3室型平面プラン。

　入口ホール奥の小部屋へは，ホールからしか入れない。小部屋の主屋側は，炉の背面の石壁と横の板壁で仕切られている。炉の石壁が暖まることによって，小部屋の空気を暖める仕組みとなっている。ここの主室の炉は，位置は入口右手奥だが，向きが完全に部屋奥

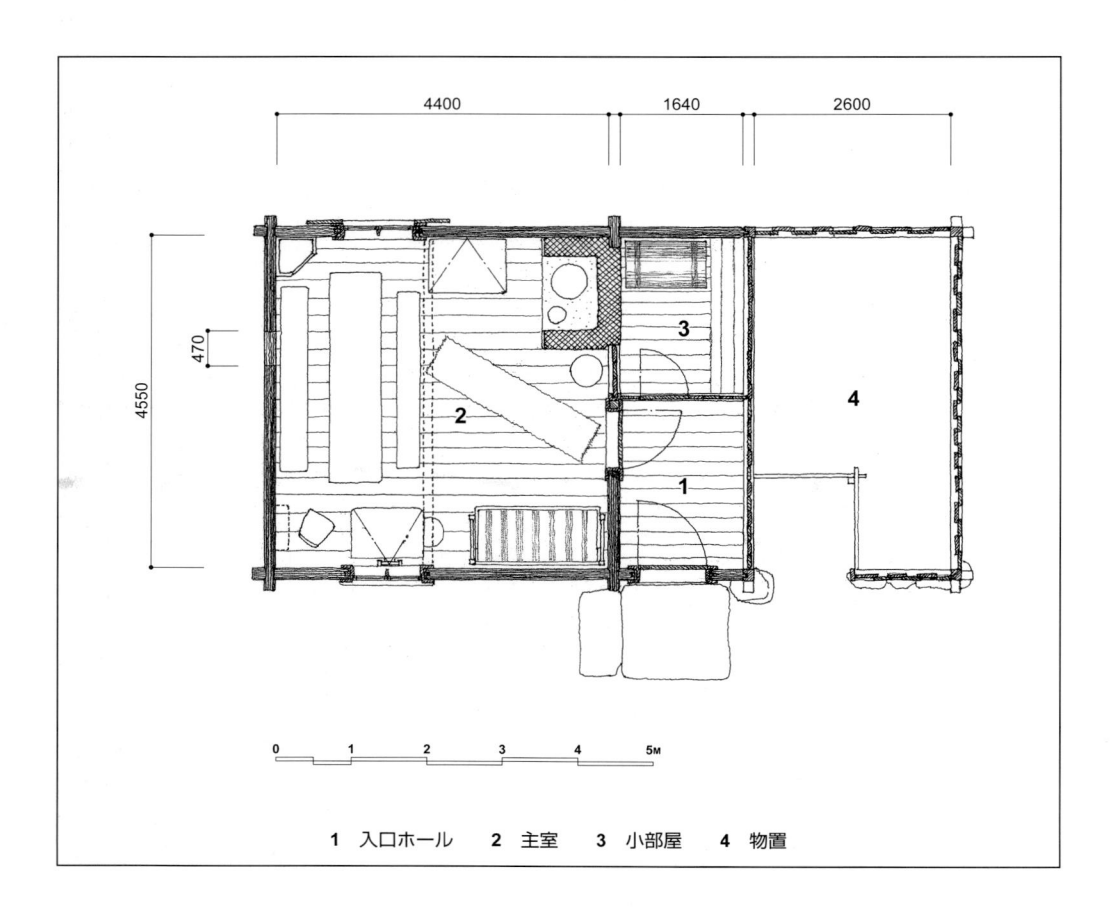

1　入口ホール　　2　主室　　3　小部屋　　4　物置

を向いている。炉の上部は屋根を貫き，煙突が設けられている。

炉の奥のテーブルも，左手窓前のテーブルも，使わないときは下に下げるようになっている。ベッドの位置が入口左手角になっている。そのベッドは緑色に塗装され，引き出すと広くなる。突き当たりには大テーブルが置かれ，その前後にベンチが配置されている。

この家の梁は，炉の角ではなく，部屋のほぼ中央に架け渡されている。その梁は，構造的な意味合い以上に，この空間に強く働きかけている。

ここで特筆すべきは，ベンチの後ろの壁の穴である。ベンチの後ろの壁が，50cm前後の四角に切り込まれ，その部分が外れるようになっている。それは死者を葬る時，死体を外に出す口であった。当時，死者を通常の出入口から出すと，その魂が戻ってくると信じられ，そのためにわかりにくい別な口を用意したのである。この死者を葬るための口は，他の家でも何例か見かけた。

1 右手物置部分は構造が違う斜面に建つ住居
2 斜面の延長のように見える芝土の屋根
3 奥の小部屋の入口があるホール
4 部屋奥のみに面した炉

Ⅲ 各地の民家 | 85

5 梁が空間に強く作用した主室の正面大テーブルと小物入れ
6 入口左側に置かれた引出し式ベッド
7 ベッド奥の使わないときは下げるテーブル
8 テーブル上の物入れの奥に見える壁に設けられた死者を出す口
9 大テーブル先端から見た主室入口右側

06 夏のゲストハウス

現所在地："Romsdal Museet", Møre og Romsdal
旧所在地：Holt, Stordal,
建設年代：1616年

　西海岸の町モルデに，この地域の名を冠した野外博物館がある。40棟ものさまざまな建物が移築されている。それらの中で，この建物はきわめて特殊な例だが，それゆえにここで取り上げておく。

　建物の妻面の入口に向かって左側は，2階部分が跳ね出し，柱で支えられている。他ではあまり見かけない構造になっている。1階の妻面に左右2つの入口がある。右側が1階の入口で，入ると直ぐ左手に階段がある。左側は2階への入口である。この入口ホールまわりは，柱を立て板壁でふさぎ，主屋とは別構造になっている。床仕上げも階段まわりだけが板張

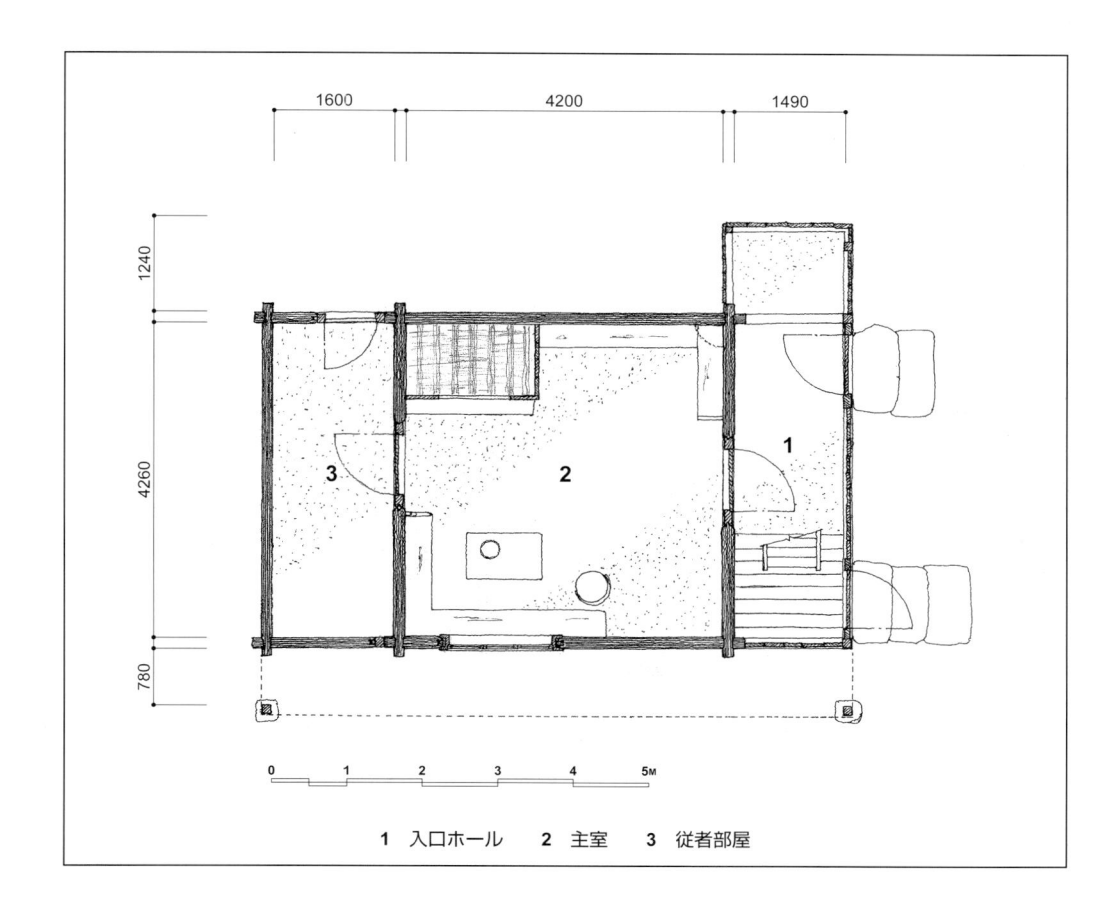

1　入口ホール　2　主室　3　従者部屋

りで，他は土間である。

　主屋入口の分厚い板戸には，上方にいくつかの十字が描かれている。血かタールで描かれたもので，迷信に基づく，邪悪なものが入り込むのを防ぐ魔除けだという。

　主室の床も土間で，壁丸太は滑らかな曲面に仕上げられている。右奥に造り付けられたベッドは，箱型に囲い込まれ，長手の一面だけが開いている。左側にはベンチが造り付けられ，簡単なテーブルが置かれている。

　入口の枠は厚く幅広く，壁仕上げやベッドの加工も丁寧で，全体に見事な仕事がなされている。この部屋には炉は設けられていない。

　1階のこの主室は，きわめて大切な客人が一人寝泊りするための部屋であった。それも夏用のものである。

　主室奥にもう一つドアがある。そこは細長い部屋で，裏手に潜り戸のような背の低いドアがあり，そこからも出入りできる。ここはさほど重要ではない客人，おそらく従者などの部屋であった。2階には6台のベッドが置かれ，1台に2人が寝たという。

　このようなゲストハウスは，この地域でも珍しく，一般的なものではなかった。

1　広いロムスダール博物館の池の畔に建てられたゲストハウス
2　片側の平側2階だけが飛び出した独特な姿
3　入口部分と本体の構法の違いが表れている
4　1階への入口板戸
5　引上げ式の雨戸
6　箱型のベッドと奥の小部屋へのドア
7　いくつもの魔除けの十字が描かれた主室ドア
8　入口側から見た主室内部

III 各地の民家 | 89

オステンスタ村の家

現所在地："Sunnfjord Museum", Førde, Sogn og Fjordane
旧所在地：Østenstad, Jølster
建設年代：1500年，1860年増築

　フォルデの西9kmほどのフィヨルドに面した斜面に在る野外博物館。そこに近くの村から移築された3室型平面プランの農家である。
　平側，内開きのドアを開けて入ったホールの床は，珍しく大きな平石が敷き詰められている。数多くのさまざまな樽や臼の石などが置かれ，作業空間でもある。妻側にも外部へのドアがある。
　主室の床は板張りだが，入口から炉までは1枚の平石が敷かれ機能的である。石積みの炉

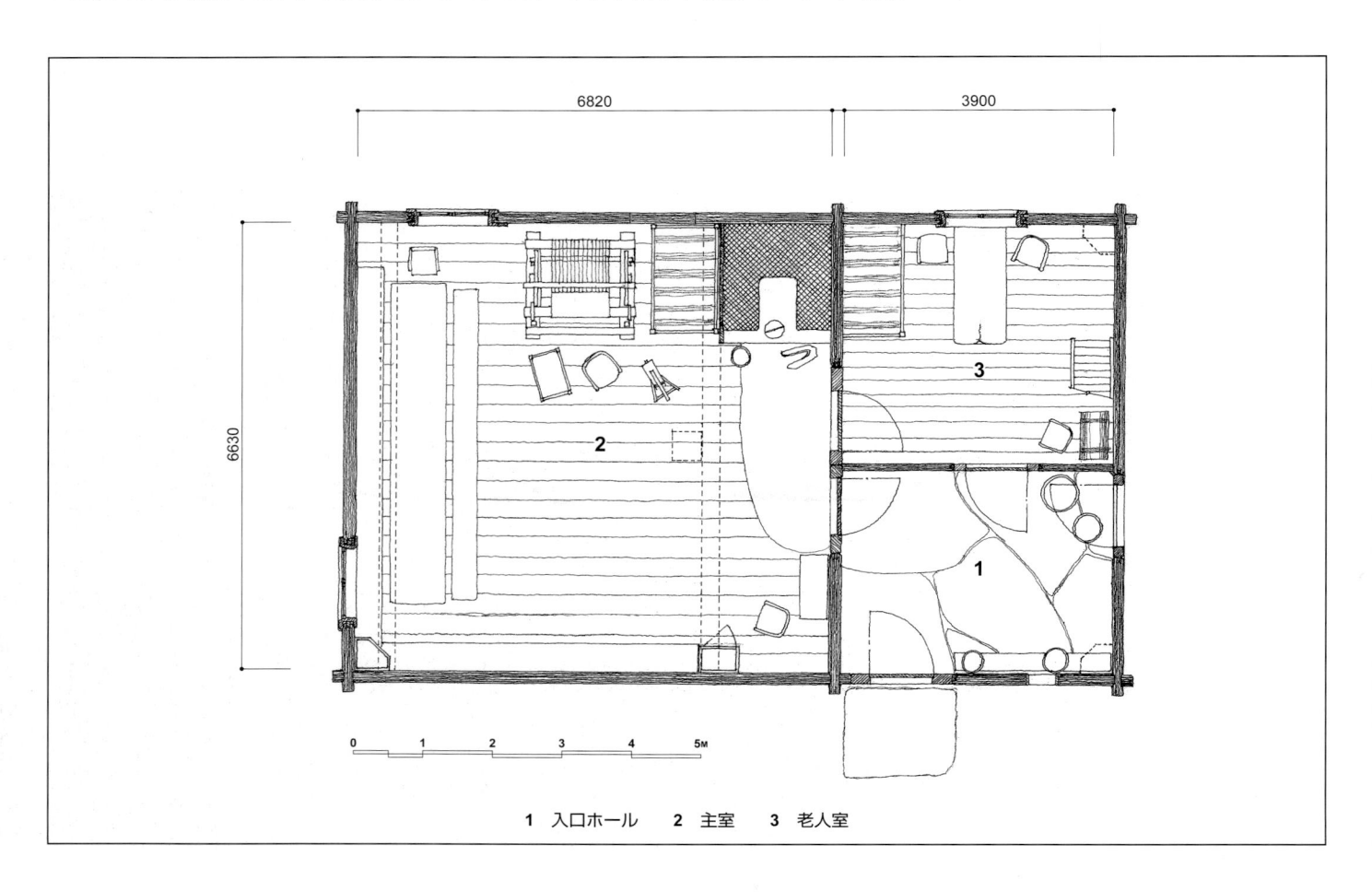

1　入口ホール　2　主室　3　老人室

には，煙突が付いていない。煙は，屋根の棟に開けられた煙出し口の蓋を，それに付けられた棒を下から操作して外に出す。屋根架構は，棟に穴を開けやすい垂木構造となっている。

　炉の脇には板壁がしっかりと立てられ，その板壁に張り付くようにベッドが置かれている。その周辺には織機や糸繰り機，幼児の揺りベッドなどが置かれ，日常の女性の作業や育児の場であることがわかる。左側の壁際には，食器棚が置かれている。

　奥の壁の前には，端からは端までの長大なテーブルが置かれている。食事，集い，接客の場である。コーナーには，主の大事なものを入れる伝統的な物入れが取り付けられている。

　ここには炉の角上に，入口に平行に1本の梁が架け渡されている。垂木構造の特徴である。ところが，奥の壁際，ベンチとテーブルの境の上辺りに，もう1本梁が架けられている。その位置はあまりにも壁に近すぎる。

　垂木構造の建物には，当初，炉の角と奥と2本の梁が架けられていた。奥の梁の位置は，入口から炉の角までとほぼ同じ距離で，奥の壁からの位置を決めていた。その梁はこの空間に強く働きかけ，その手前と奥とを仕切るような作用をする。

　ここを家族の空間として一体化しようとする彼らは，それを嫌った。そして，奥の梁を壁際にまで押しやった。そこにはすでに構造的な意味は失われている。彼らは，それでも建物は保たれることを学んだ。ついには奥の梁はなく，炉の角の1本だけの建物も現れる。こう考えるのが正しい。他者を寄せつけまいとする意識はない。

　隣の小部屋は，老人のための部屋で，ベッドと窓際にテーブルが置かれている。このテーブルの足には，根に近い部分の木が使われている。根を張った部分の木を2本立て，テーブルの広がりを支えるために，その根に別な木を取り付けている。木を無駄なく活かそうと工夫している。

1　奥にフィヨルドの見える博物館に移築された住居

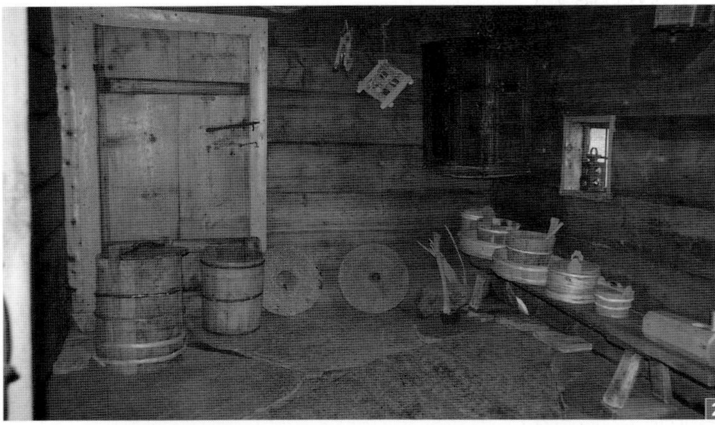
2

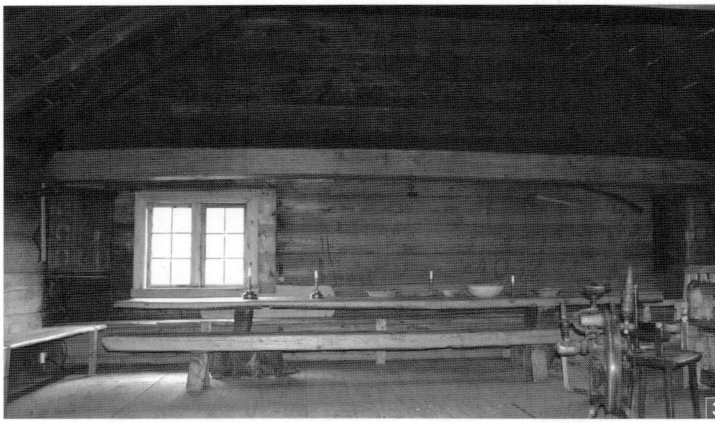
3

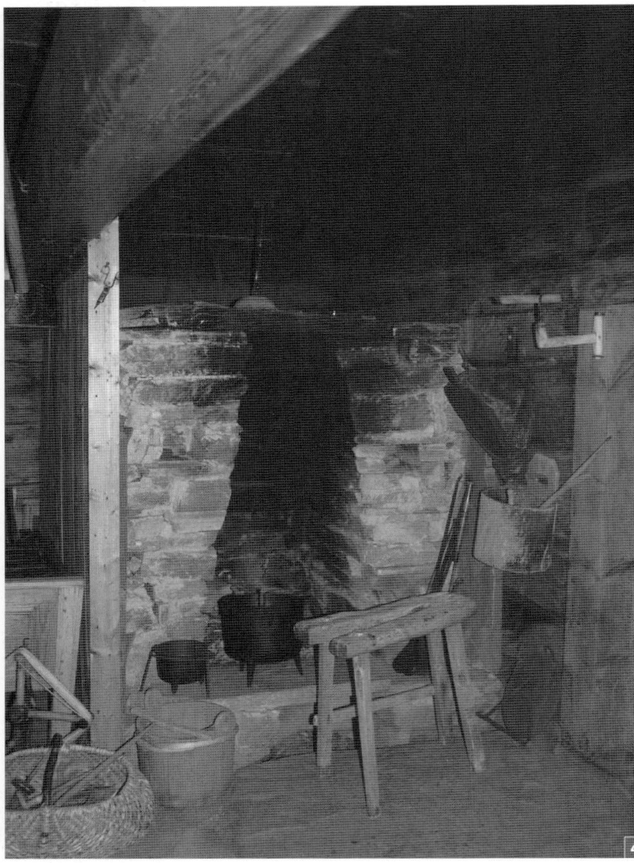
4

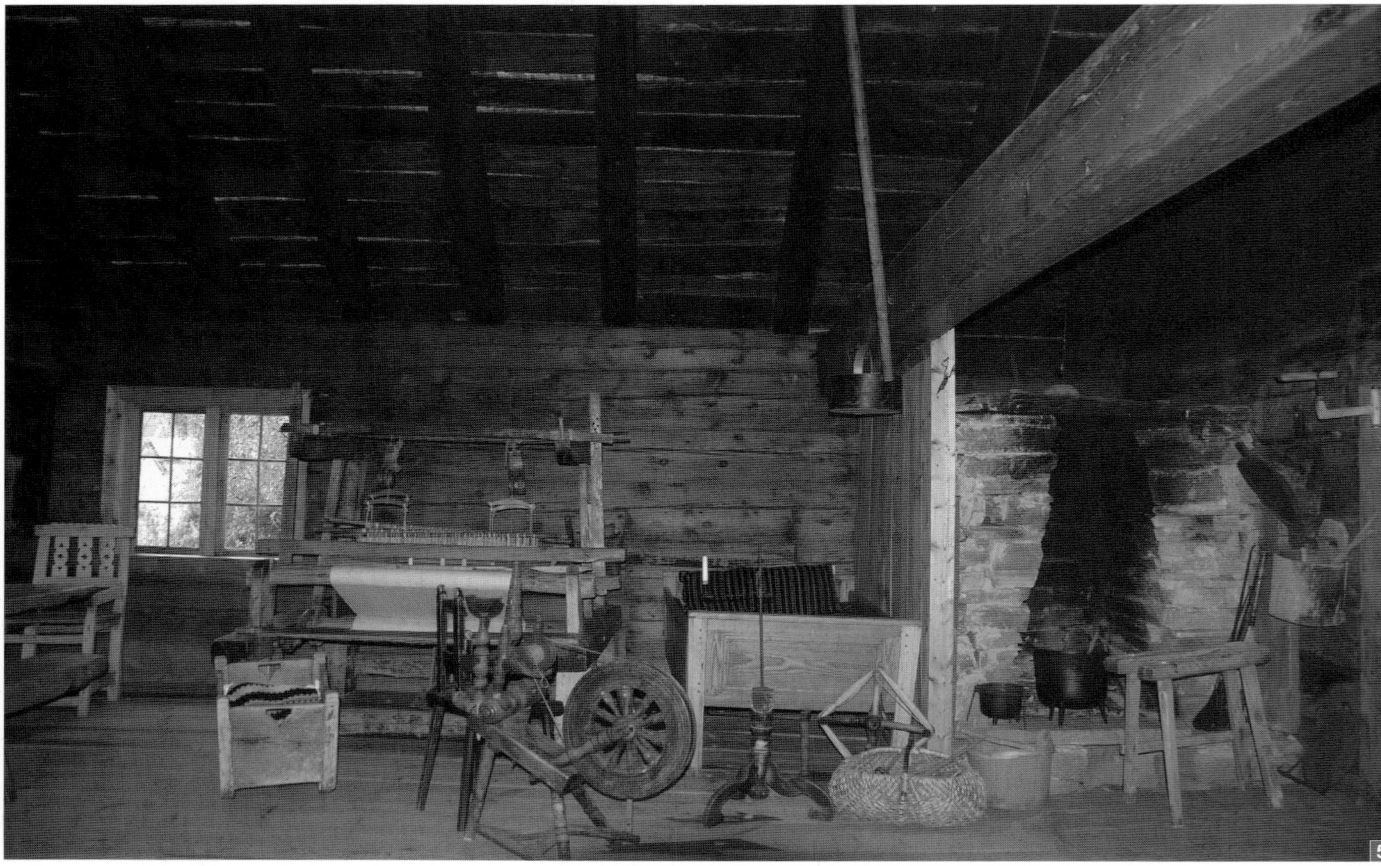
5

2 床に大きな平石が敷かれた入口ホール
3 大テーブルの上に陸梁がある主室正面
4 煙突のない炉の周辺
5 炉の脇にベッドが置かれた主室入口右側
6 主室入口側の炉と天井の煙出し口
7 入口側から見た炉の角の陸梁と煙出し
8 主室入口左側
9 主室入口側の陸梁と出入口
10 老人室正面
11 脚に木の根に近い部分を利用したテーブル

ブートルフ家住居

現所在地："Voss Folkemuseum", Voss, Hordaland
旧所在地：現地保存
建設年代：1850年

　ヴォスの町に迫る山の中腹に設けられた野外博物館。ここには鉄筋コンクリート造の資料館も建ち展示も充実している。

　1917年にこの博物館が創設された時のおもな目的は，モルステル（Mølster）農園を保護することだった。モルステル農園は，時代的にも規模でも，この地域で突出したものではないが，その構成が正確で本物だったからである。そしてヴォスの町の中心からも近かった。

　この農園は長い間，それぞれに土地を持った2つの家族によって経営されていた。それぞれの家族の農場建物は，1つの開かれた土地の周りに，美しい集合体として配置されていた。現在，それぞれの建物には，最後の所有者，ブートルフ（Botolv）を1，アルンフィン（Arnfinn）を2として，番号がふられている。それを見ると，同一機能の建物は隣り合ってもいるが，それぞれがかなり入り乱れている。

　この建物は，一方の土地所有者であるブートルフ家の住居である。1850年に建てられた入口ホールから右部分と，中世前に遡ると思われる左側部分とが合体した構成となっている。

　入口ホール前は，下屋が張り出し，その左部分は板壁で囲われたポーチとなっている。ホールに入ると左側に，段板が曲線を描いた美しい階段がある。右手のドアを入ると主室であり，正面奥に，両側の壁から壁に届きそうな大きなテーブルが置かれ，その前後にベンチが用意されている。テーブルの短手部分は主人の席であり，女性や幼い子どもは入口側のベンチに座るのが習わしだった。壁のコーナーに取り付けられている物入れには，聖書や説教本，そして主人の大切なものなどが入れられる。

　このテーブル周りは，家族の食事の場であり，集いの場でもあり，主人が皆に聖書を読み聞かせもし，接客の場でもあった。テーブル後ろの壁には，どこにも見られるスプーン掛けが取り付けられている。彼らは食事が終るとスプーンを舐めてきれいにし，そのスプーン掛けに収めておく。大テーブルに向かって左側には，食器棚やベッド，幼児用揺りかご，糸繰り機などが置かれている。女性のコーナーといえる。

　この主室は寝室でもあり，農園の大人と子どもはここで寝，成人した子どもと農場労働者は上の屋根裏部屋で寝ていた。主室には石作りの炉はなく，鉄製のストーブが置かれている。このストーブは，冬に食事を温めるくらいで，おもに暖房の役割であった。

ストーブの脇に置かれたL字型の椅子は，ストーブに火をつけるために使う木っ端を作るための特別な役割があった。管理の女性が実演してみせてくれた。座面に立てられた2本の棒の1本はナイフであり，それを抜き出し，もう一方の棒でそのナイフを支持し，木の枝を引くようにして削る。こうすると，直接ナイフを当てて削るよりも力をかけなくてすむ。

　調理は隣の小部屋で行われた。そこには調理のために，煙突の付いた石作りの炉が設けられ，棚にはミルクを入れる桶やさまざまな容器が置かれている。

　ホール左側の部屋は，床の中央をやや避けた辺りに平炉が設けられ，芝土の屋根の棟に煙出しの穴が開けられている。この2つを備えた部屋は「Årestova」と呼ばれる。

　ここには窓はないが，かつては人々が働き，調理し，食べ，眠った住居であった。新主室と一体にされてからは，食事の下ごしらえの調理室として使われるようになり，ここで料理やパン焼き，醸造，肉の解体などが行われた。そのための道具があちこちに置かれている。平炉に載っている丸いスレート板は，平らなパンを焼くための道具である。

　床には，部屋の端から端まで届くほどの長く幅広い，青みがかった石が使われている。平炉の囲いも同じ石だ。

　煙で黒くなった壁には，太くしっかりした丸太が使われている。窓はないが，煙出し口から入る光で真っ暗ではない。平炉の位置が煙出し口の真下でないのは，雨が直接火にかかるのを避けた措置だという。この煙出し口には，木枠に豚の胃や腸などの薄膜を張ったカバーが付いている。この方法は，ガラスが使われる以前の古い住居の窓にも見られる。

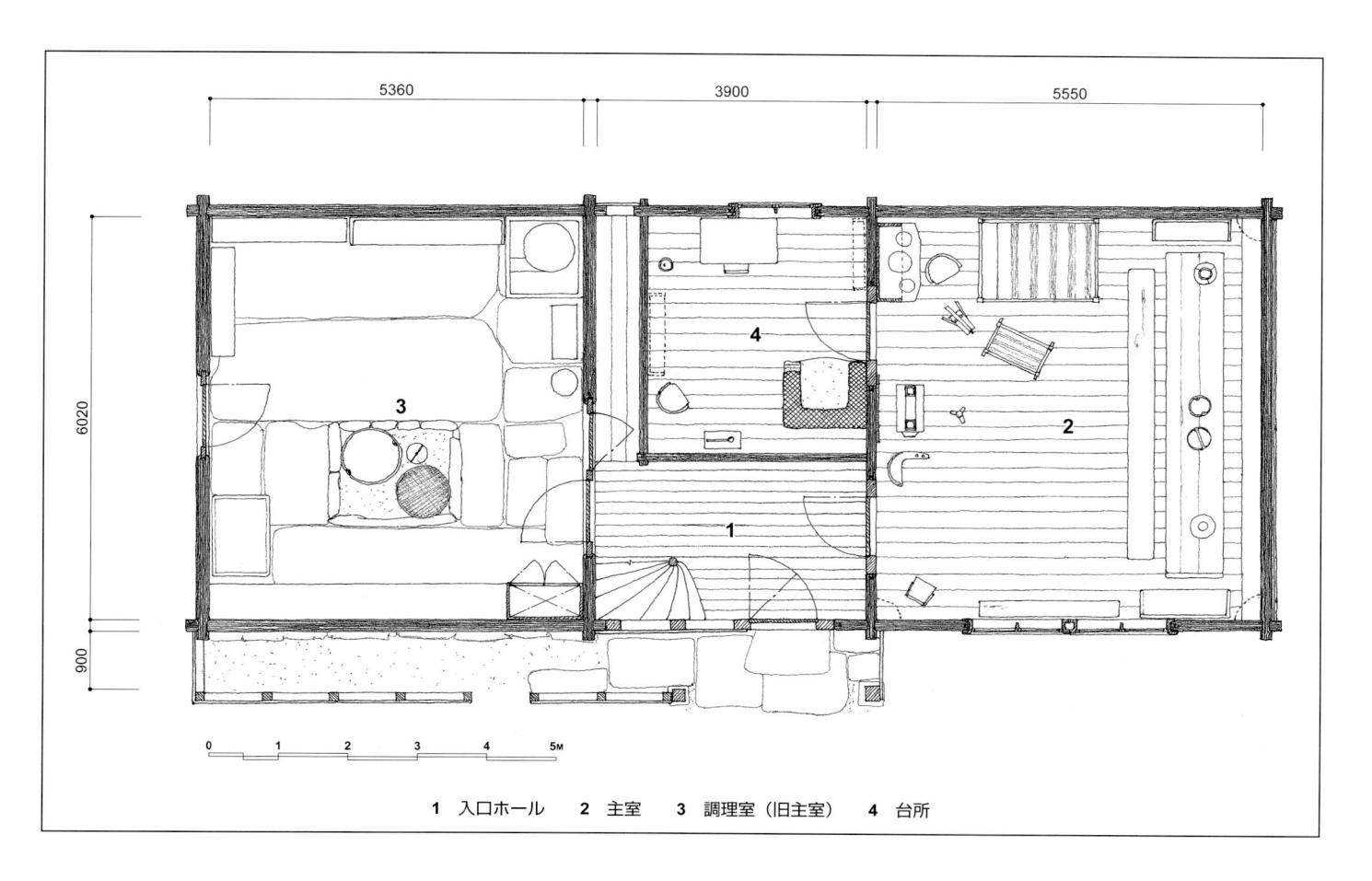

1　入口ホール　2　主室　3　調理室（旧主室）　4　台所

煙出し口のカバーには棒が付いていて，下から開閉ができる。興味深いのは，この棒には，単に開閉のためだけでなく，儀式的な意味合いもあったという。若者が少女に結婚を申し込みたいとき，その家に2人の男を送る。彼らはその旨の口上を述べるに当たって，その家の煙出し棒を握って立つのが習わしだった。

　ブートルフ家の左隣には，アルンフィン家の主屋が建っている。平面プランは，ブートルフ家のプランを左右反転させたようなものなので省略する。
　新しくなったほうの主室は，中央に天井からランプも下げられ，より近代的になっている。台所の位置も同じで，炉のありようも似ているが，その形態がより美しい。古い住居の平炉を囲む石は，より青みがかり，一辺が1枚の石で作られている。

1　ヴォス野外博物館の鉄筋コンクリート造の資料館
2　白く縁取られた窓がある大きな建物がブートルフ家の主屋
3　2つの家族の各種建物が建ち並ぶ農場
4　入口脇のポーチ
5　主室正面左側
6　主室正面右側
7　入口ホールの段板が曲線を描く階段
8　台所の入口まわりに鉄製炉やベッド，揺りかご等が置かれた主室入口左側
9　主室入口右側の窓まわり
10　主室の入口側

III 各地の民家 | 97

11 大テーブル後の壁に付けられた家族のスプーン掛け
12 木っ端を削るための椅子
13 台所入口脇の炉
14 台所側から見た炉と桶棚
15 台所内部
16 さまざまな物が置かれた屋根裏部屋
17 屋根裏部屋を貫く煙道
18 大きな平石張りの床に平炉が設けられた古い住居
19 後に調理場として使われた古い住居内部
20 煙出し口が見える古い住居の入口側

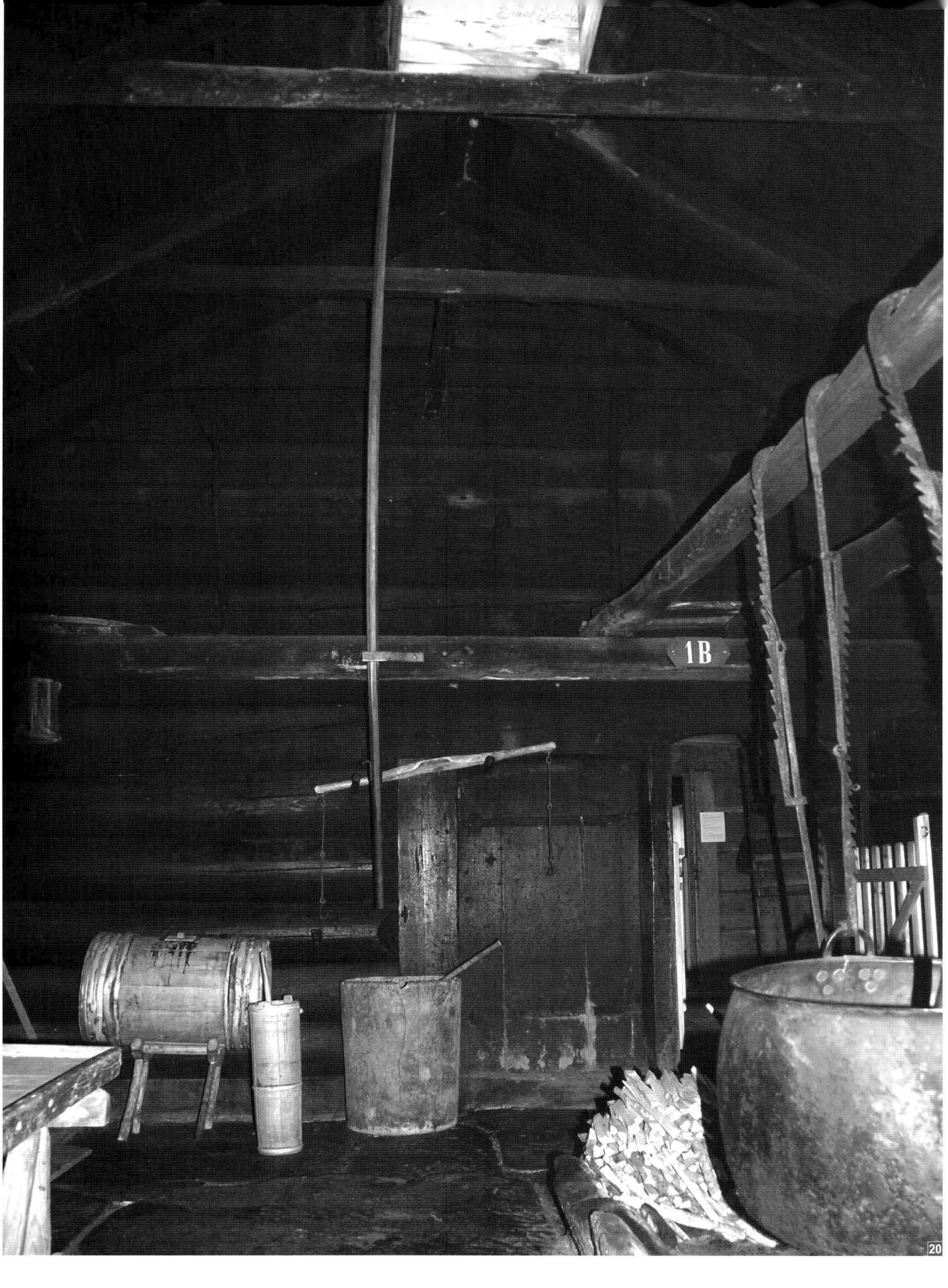

20

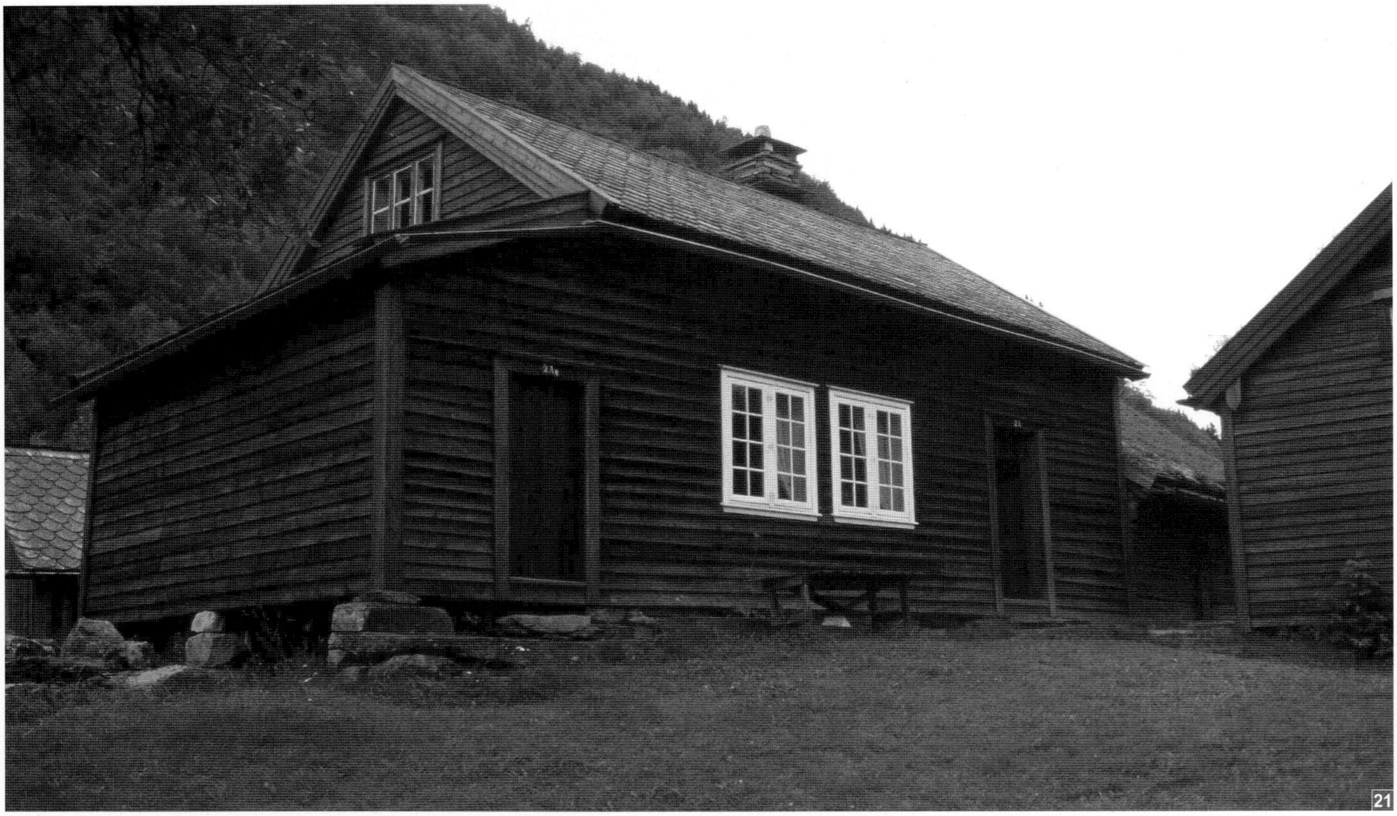
21

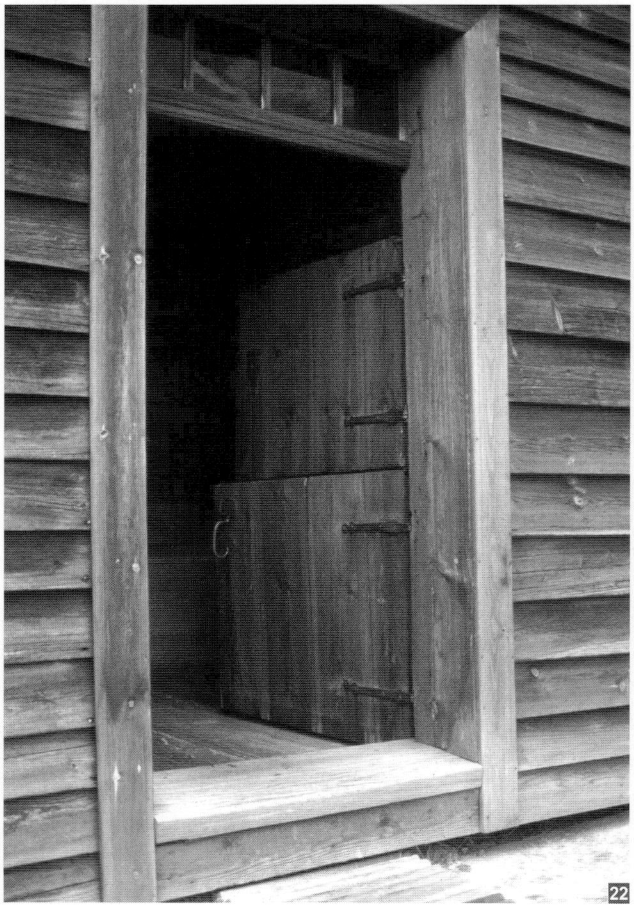
22

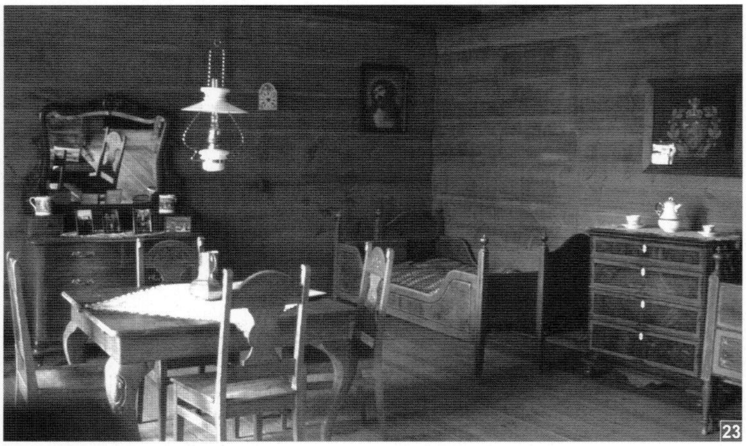
23

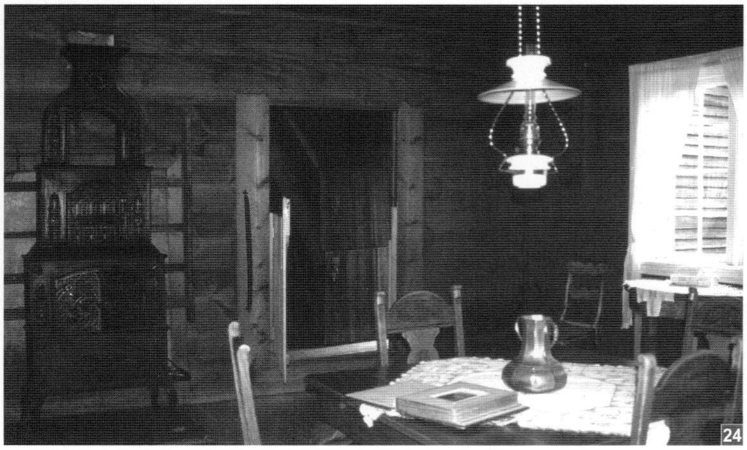
24

21 アルンフィン家の主屋
22 扉が上下2枚になったアルンフィン家入口
23 新しく改装された主室内部
24 主室入口側
25 ブートルフ家とは作りの違う入口ホール階段
26 シルエットが美しい炉のある台所
27 古い住居入口床の大きな平石
28 平石で囲まれた炉

Ⅲ 各地の民家

リグネスタ農園の家

現所在地：Rygnestadtunet, Rysstad, Aust-Agder
旧所在地：現地保存
建設年代：1590年，1800年増築

　このセーテスダール谷地域の特徴を示し，しっかりと現地保存されていることが確認され，ノルウェーの民家史にとって重要な農園の一つである。

　この地域には，ヴァイキング時代以前から人が住んでいたことが，農園で発掘された墓によって証明されている。この農園は，元は16世紀ノルウェーの伝説的英雄，アスムンド・リグネスタが父親から相続したものだった。1919年以来人が住んでいなかった農園を，セーテスダール博物館が1940年に買い取り保存している。

　山の中腹の傾斜地とわずかな平地に，主屋，2つの倉，納屋，馬屋，牛舎，羊小屋，鍛冶屋，サウナ，水車小屋などが，この地域の建物配置の特徴を示して建てられている。主屋は斜面の上部に，その他の建物は下側に配置され，鍛冶屋やサウナなど火を使う建物は，それらからさらに離して建てられている。

　主屋は，それらの建物の間の道から一段高い所に建てられている。入口ホール右側の主室は，16世紀末に建てられ，19世紀初めに改装し近代化されたものであり，左側は，14世紀中期に建てられた平炉の建物をそこに付け加え一体化したものであった。主室右側は，外部階段から入る3階建の納屋になっている。

　主室の炉は，部屋の角に移され，煙突も付き，さらにその脇には鉄製の炉も置かれ，パイプの煙突も付いている。煙突がないと，充満する煙を出すために屋根に排煙口を設けなければならなかったが，煙突の導入により可能となったため，その部屋の上には，ホールの階段から上がる2階が載せられている。

　部屋の入口左側は，箱型のベッドとその中央の物入れで覆われている。ベッドや物入れを囲う板壁や扉の装飾が，丸太の壁の部屋に，近代的な印象を強く与えている。壁の丸太は，太くしかも削り落とされることなく丸みを保っているため，たくましさを感じさせる。ここのテーブルは他ではあまり見かけない，珍しい引き出し付きになっている。

　左の平炉の部屋は，主室側に2階を載せたとき，屋根の棟高を揃えるために，ここの屋根高も上げられたとされている。そのため，平炉の部屋は，他で見るこの種の部屋より，か

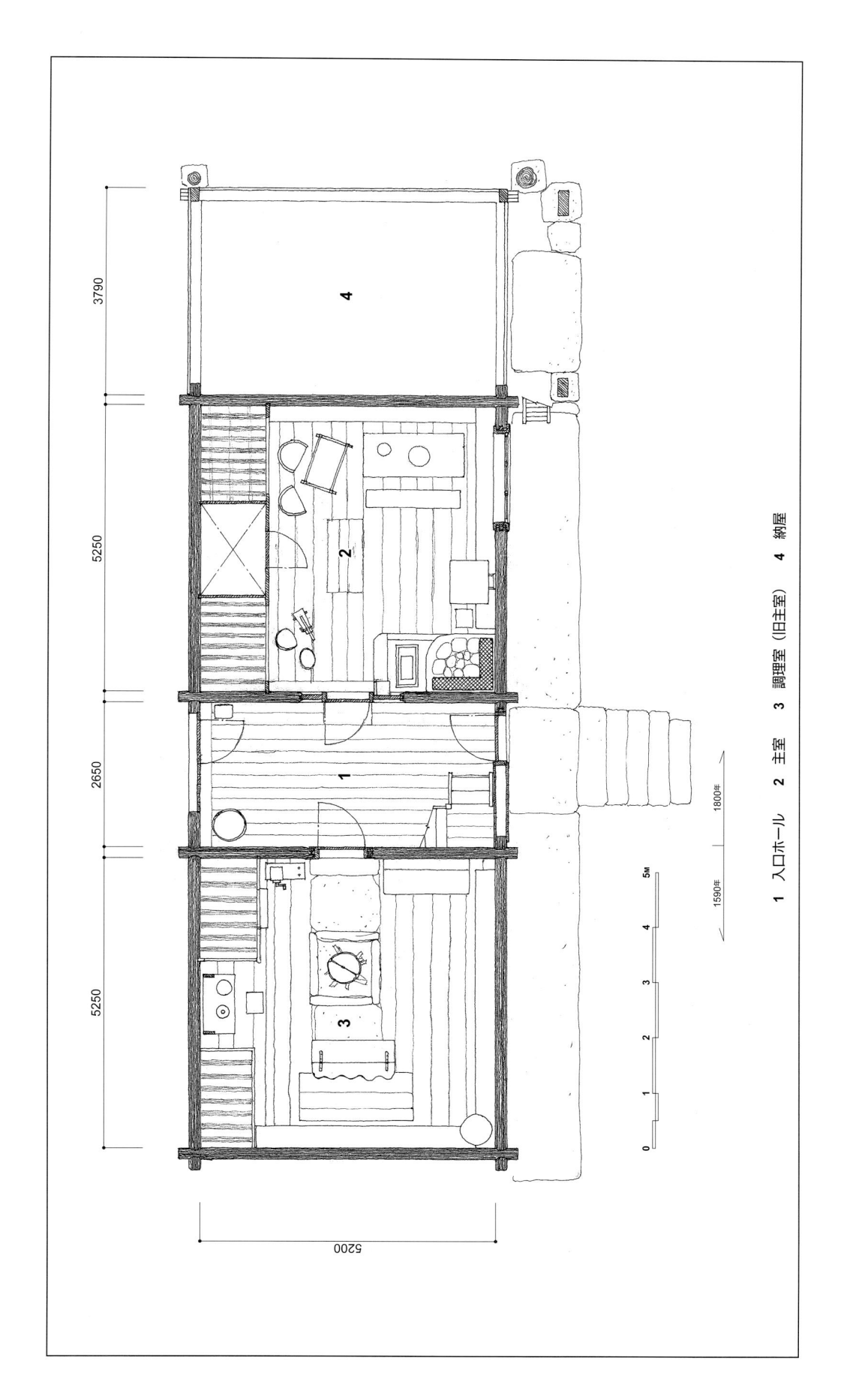

1 入口ホール　2 主室　3 調理室（旧主室）　4 納屋

なり天井が高い。開口部は棟の煙出し口だけで，窓はない。

　この部屋は，建てられた当初は，家族が寝起きし日常生活を過ごした建物であった。ここに一体化されてからは，台所の洗い場，おもに調理の下ごしらえに使われていた。

　部屋の入口から奥，炉の前後の床は幅広く大きな石が敷かれ，残りは板張りとなっている。入口右側の壁際には，2つのベッドがある。その手前のベッドは，使われている板の厚さ，幅，上端の反りの加工など，力強く見事な作りである。

　主屋手前の道沿いに，この国特有の姿をした2階建の倉（ロフト）が建てられている。この種の倉には通常，1階には食料の類がしまわれ，2階には衣類や布などが納められていた。この倉の後ろのバルコニーは，この地域では珍しい便所のための増築であった。最初に町の人々が，バルコニーの上に便所を作るようになり，田舎の豊かな人たちがそれに倣うようになったという。16世紀には，バルコニーの延長に便所を作る方法は一般化していた。

1　山の中腹の傾斜地のわずかな平地にさまざまな建物が建つ農場
2　農場へのアプローチ
3　右手に物置が併設された主屋正面
4　見事な丸太で構成された主屋の壁と奥の物置
5　主屋裏側

III 各地の民家 | 105

6 テーブルや揺りかごが置かれた主室正面
7 入口ホール，右側が新しい主室ドア
8 主室左側の壁際に造り付けられた箱型ベッド
9 台所入口近くのベッドと糸繰り機や椅子
10 鉄製炉が併設された入口脇の炉まわり
11 壁天井が煤で黒くなった古い住居の内部

Ⅲ 各地の民家 | 107

12 丁寧に加工された丸太の壁に掛けられた時計
13 部屋右手奥のベッド
14 その前後の床だけが石張りとされた炉と長椅子
15 入口右側の力強い造りのベッド
16 2つのベッドの間に置かれた食器棚
17 倉（ロフト）の土台と上部持ち送り
18 丁寧に加工された倉本体の壁丸太と回廊

小作農の家

現所在地：Kviteseid bygdetun, Kviteseid, Telemark
旧所在地：Årdalen
建設年代：17世紀

　1907年に始まるというノルウェーの中でも古い野外博物館。これは、その中に移築保存された、この地方の小作人の住居。

　小作人は、仕事の代償として、地主の土地の一部のわずかな土地に、住居と付属建物を建てることを許されていた。しかし食べさせる家族は多く、18, 19世紀になってもその生活は厳しいものだった。多くの小作人は、農作業に従事するだけでなく、木工製品の職人でもあった。

　この住居は、ポーチのドアを開けると直接主室に入ることになる。ノルウェー独特な、

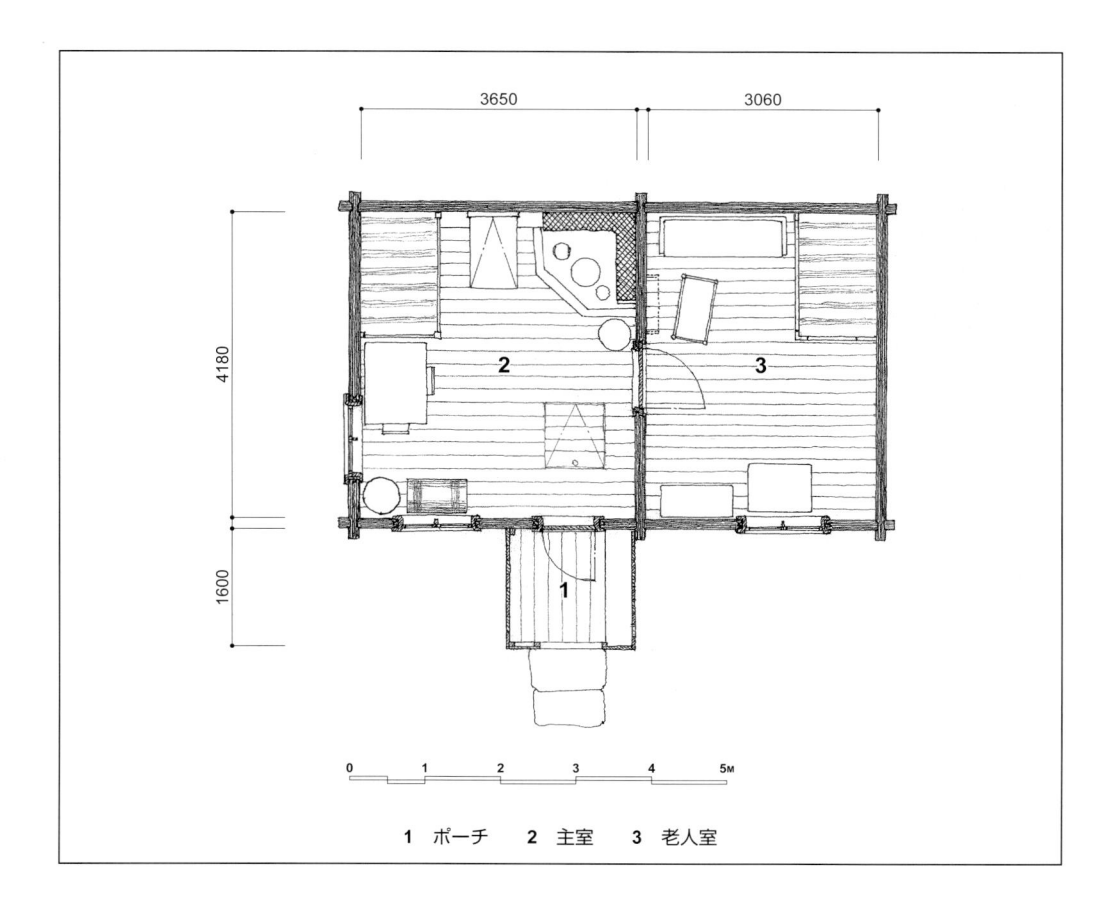

1　ポーチ　2　主室　3　老人室

主室平入り型平面，いわゆるアーケルスフース型平面プランである。北欧民家の入口ドアは，ほとんど内開きだが，このタイプのプランには，この家のように外開きの例も見られる。

主室に入ると，まず壁の色に驚かされる。荒く太鼓に削られた丸太が濃い青に塗られている。天井は，板は白で，根太は濃い茶に塗り分けられている。

炉は，このプラン共通で，入口正面，この部屋では突き当たり右手の角にあり，部屋の対角線のほうに開いている。

左手奥のベッドと炉の間にあるテーブルは，先端が壁に取り付けられ，使わないときは一方を持ち上げ壁に納められるようになっている。狭い部屋を有効に使う工夫であろう。入口を入ってすぐの床に上げ蓋がある。その下にジャガイモをしまっておくための室があり，その蓋であった。実測作業をしているとき，見に来ていた地域のおじさんに教えられた。

隣の老人室は，主室とはうって変わり華やかさはない。よく見ると，一部にかつて塗装がされていたような痕跡もあるが，丸太の間には断熱のために詰められた土が見え，総じて貧しさを感じる。

1 入口ポーチを中心に左右に窓を設けシンメトリーに造られた外観
2 ポーチから直接入って見える主室の内部
3 主室右側の老人室入口まわり
4 炉の脇の跳ね上げ式テーブルと丸太を加工した椅子
5 壁が青く塗られた主室の入口左手窓まわり
6 貧しさが感じられる老人室内部
7 ドアは青く塗られた老人室主室側
8 主室から見た老人室
9 壁との納まりの詳細が見えるドア枠まわり

III 各地の民家 | 111

フレクストヴェイト村の家

現所在地：Kviteseid bygdetun, Kviteseid, Telemark
旧所在地：Flekstveid
建設年代：17世紀，1738年増築

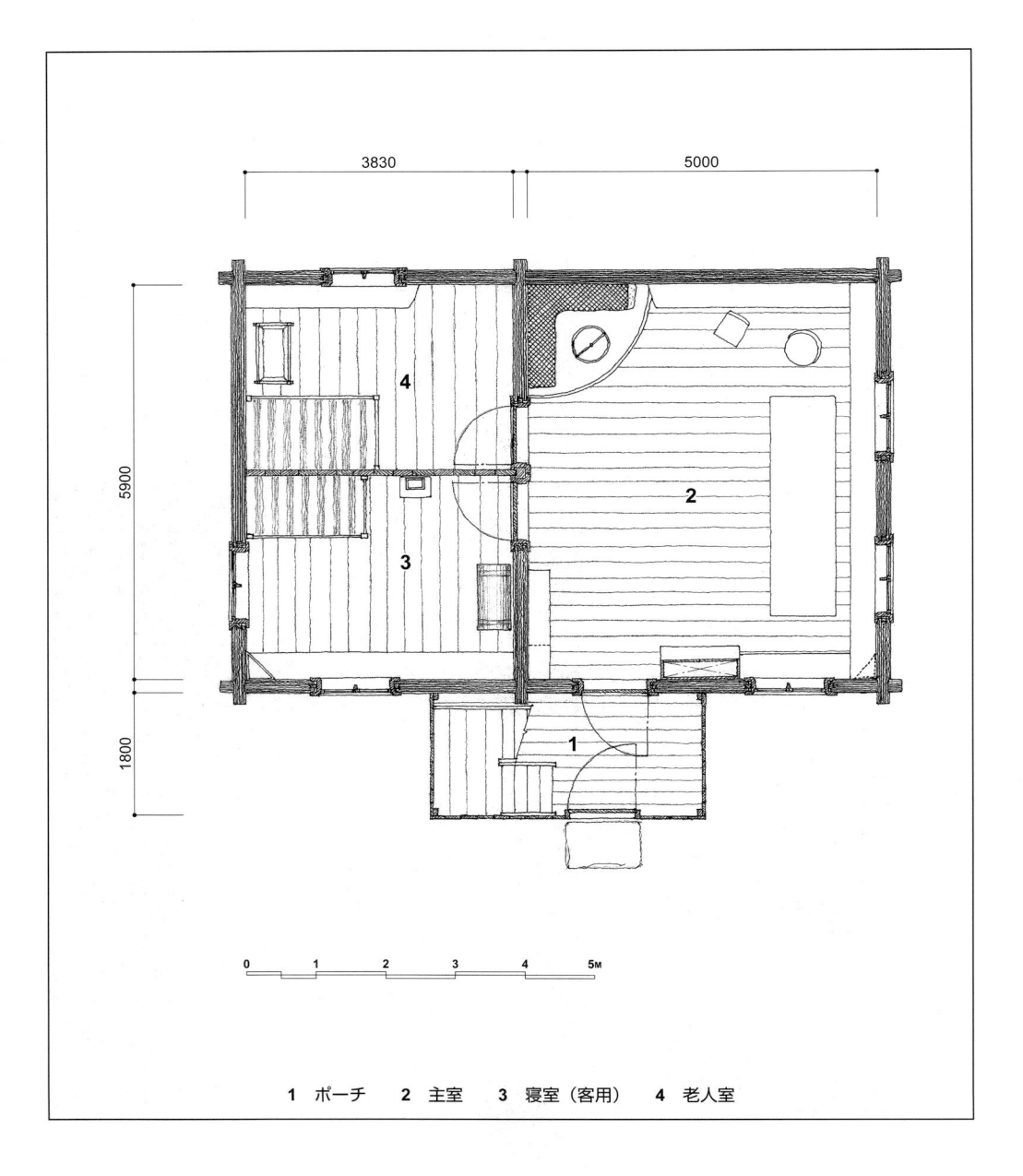

1 ポーチ　2 主室　3 寝室（客用）　4 老人室

当初は平屋で建てられ，1738年に2階が増築された住居。これも平側からポーチを経て直接主室に入る，主室平入り型平面プラン。増築された2階への階段は，このポーチに設けられている。

　主室のローズペインティングがすごい。壁の丸太，天井の根太（小梁），それらのすべてがバラの絵で埋め尽くされている。地域によって，かつてはこのようにバラの絵で室内を装飾する職人がいた。この絵は，テレマルク地方で名の知れた最初のバラ絵描きで，Talleivなる人物の仕事だったことがわかっている。

　炉は入口正面，ここでは左手角に設けられ，部屋の対角線側に開いている。曲線を描いた炉の縁やドア枠，ベンチなどは，赤みがかった茶色に塗られている。ベンチはぐるりと三方の壁に造り付けられ，その間に大テーブルが置かれている。入口右手の，テーブルの頭の位置のベンチは，この家の主人の席である。その角の壁には，聖書や貴重品を入れる物入れが造り付けられている。これもバラの絵で飾られている。主人の席の入口側には大きな食器棚が置かれている。主室平入り型平面の主室の中のこれらの家具配置は，この地方の典型的な例である。

　主室の隣には，2つの寝室がある。老人室と客用あるいは病人用として使われていた。これらの部屋には，主室のような装飾性はない。ここにも死者を葬る時，この家から出すための壁の穴がある。普段は閉ざされている壁材を外し，その開口部から死者を外に出し，また閉ざす。それによって故人は，この部屋へ戻る道を見失う。かつてはそう信じられていた。

　この博物館には2棟のロフトも移築されている。2階の跳ね出しが，四方と三方の2つのタイプで，彫り物や2階角の丸柱の加工など，いずれも見事な作りだ。

　農民の苛酷な労働の対価を納める建物として，住居以上に立派に造られ，想いが表現されている。

1　平側中央に閉鎖的なポーチが設けられた外観
2　台形に加工された土台と卵形に加工された壁丸太

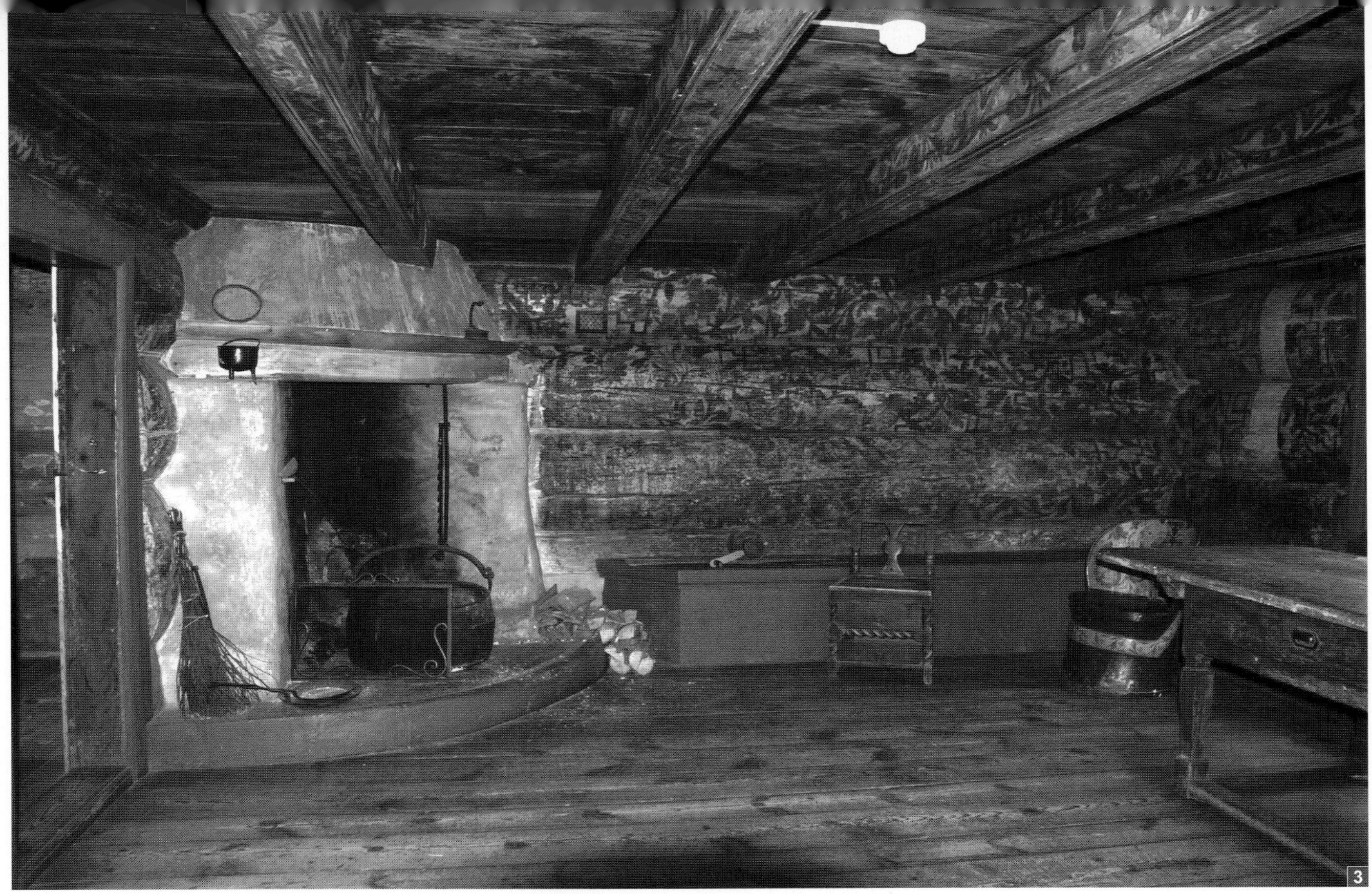
3

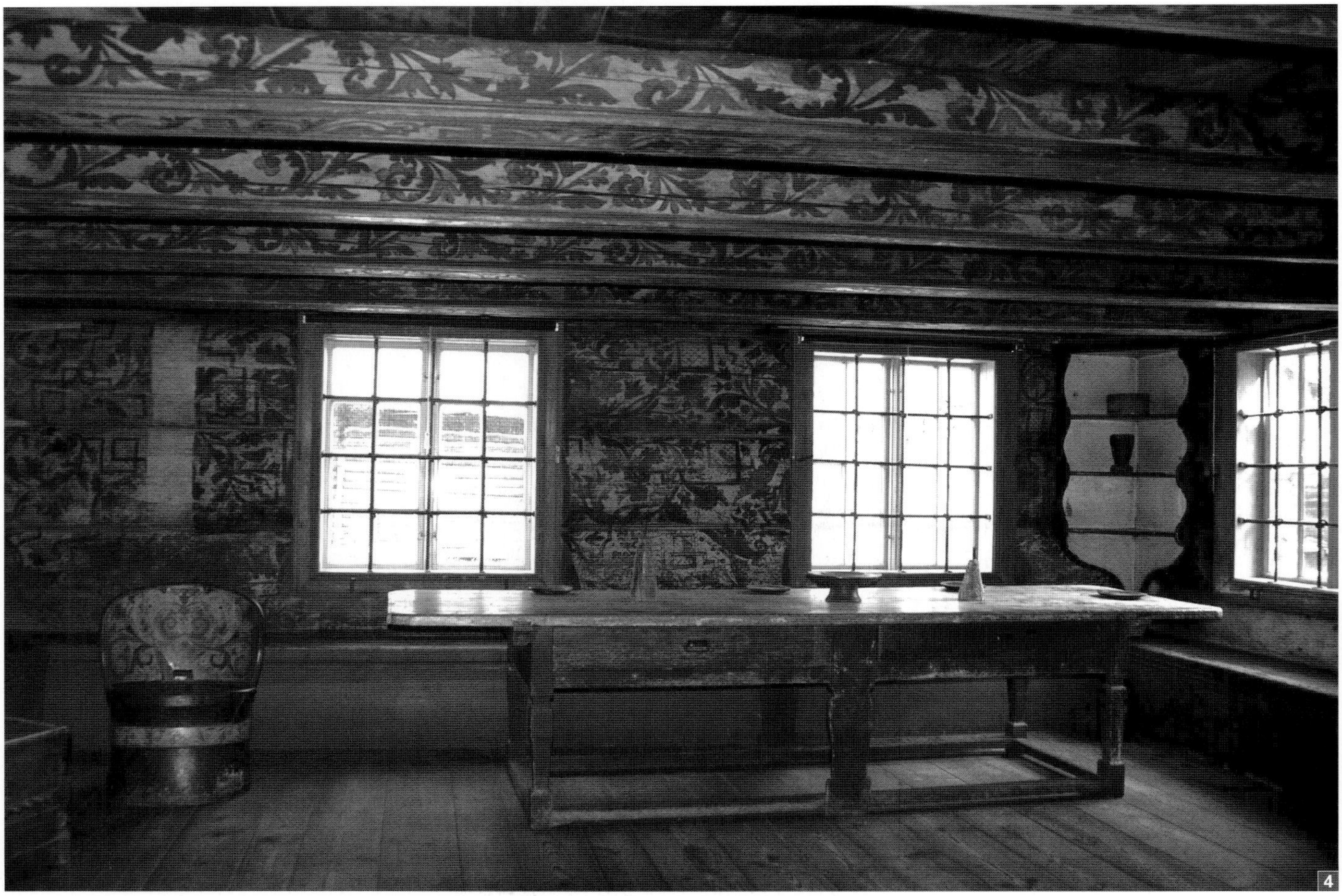
4

3　ポーチから見た主室正面
4　壁・天井が絵で埋め尽くされた主室
5　炉の脇の2つの小部屋の入口
6　主室入口側。入口と窓の格子は許可なしの見学者を入れぬため
7　入口側の客用小部屋
8　炉の脇の老人用小部屋
9　並び建つ2種のロフト

Ⅲ 各地の民家 | 115

10 三方跳ね出しロフトの正面細部
11 三方跳ね出しロフトのコーナー
12 四方跳ね出しロフトのコーナー
13 四方跳ね出しロフトの2階正面細部
14 1階は家畜，2階は干草納屋

12 フーラ村の小作農の家

現所在地：Heddal, Telemark
旧所在地：Sauar
建設年代：1780年

　近隣の地域からさまざまな建物を集めたヘッダール野外博物館。そこに移築保存された，3室型平面の小さな小作人の住居。

　ホールから主室に入ると，左手角に炉があり，右手壁際には2つのベッドが並んでいる。入口側のベッドは，引き出すと幅が広がるようになっている。2つのベッドの間には，ミシンが置かれている。それは，小作農は農業だけでは生活が苦しく，生計を立てるために雇われ仕事をしたり，裁縫などの副業をしていたことを示している。

　奥の壁際には小さなテーブルや長持ちなどが置かれているが，一般農家で見るような大きなテーブルはない。炉の脇の跳ね上げ式テーブルも粗末な作りで，それらからも生活の貧しさが感じられる。

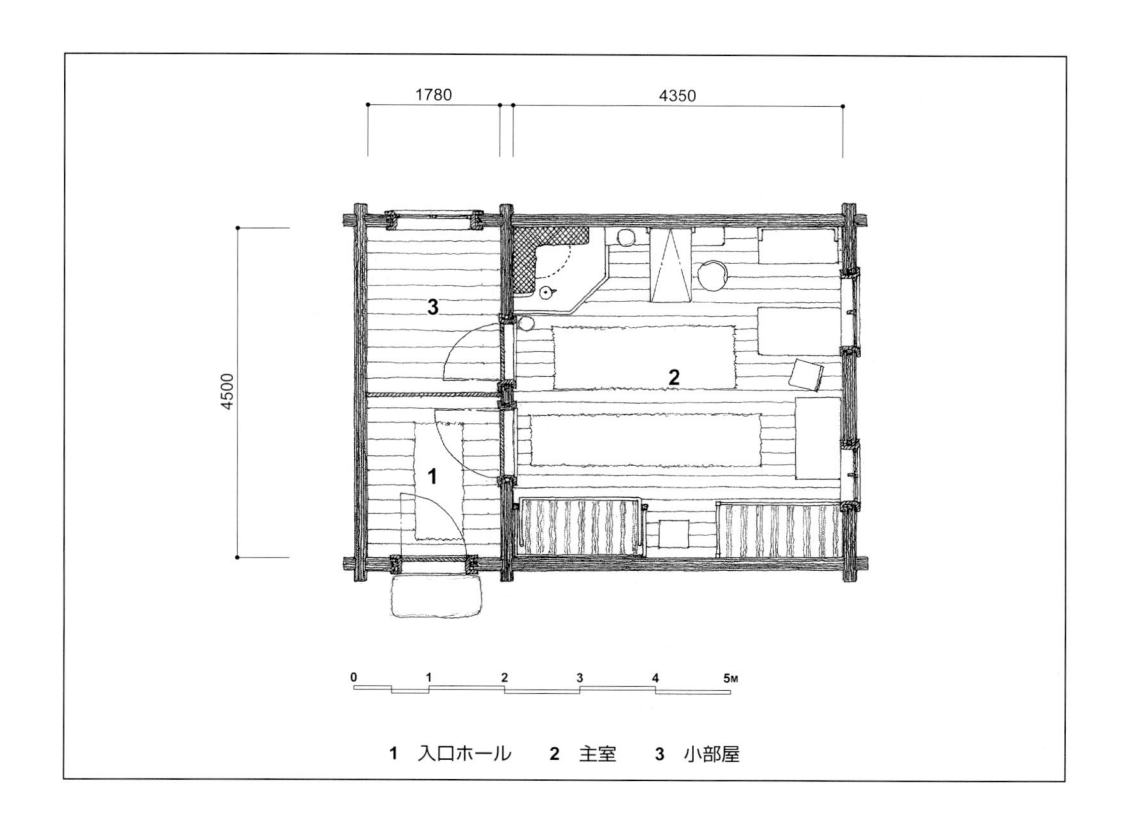

1　入口ホール　　2　主室　　3　小部屋

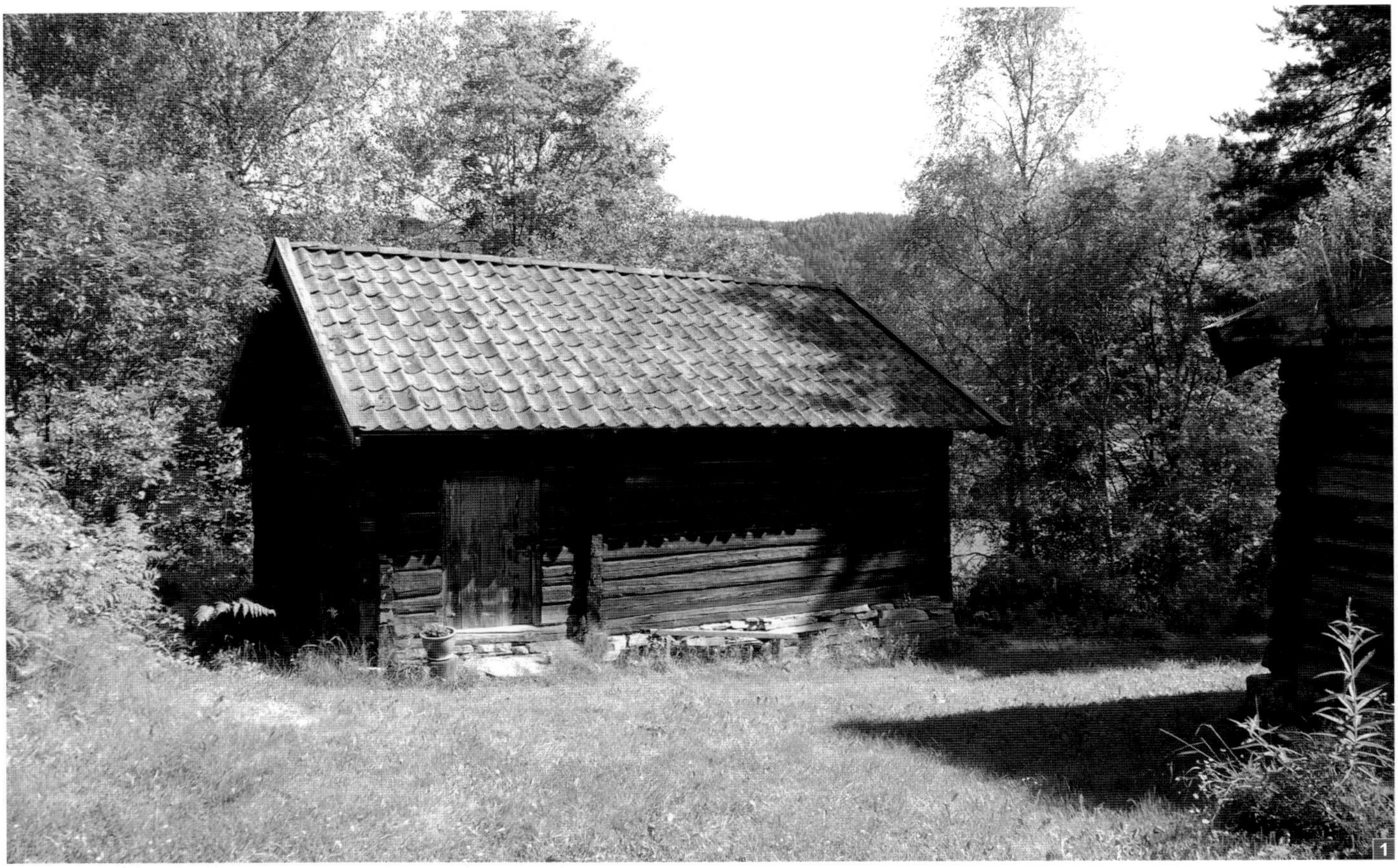

1

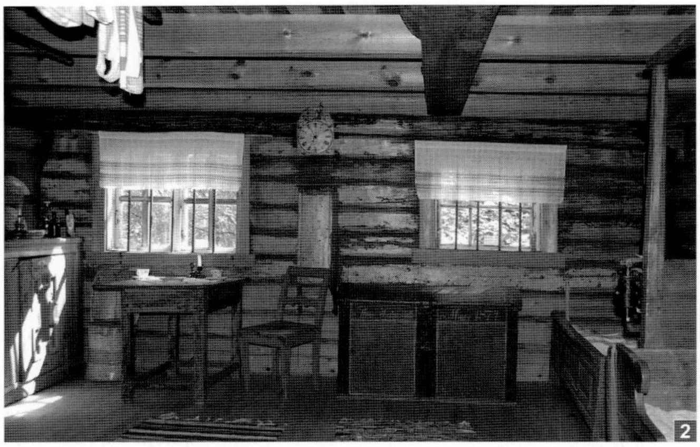

2

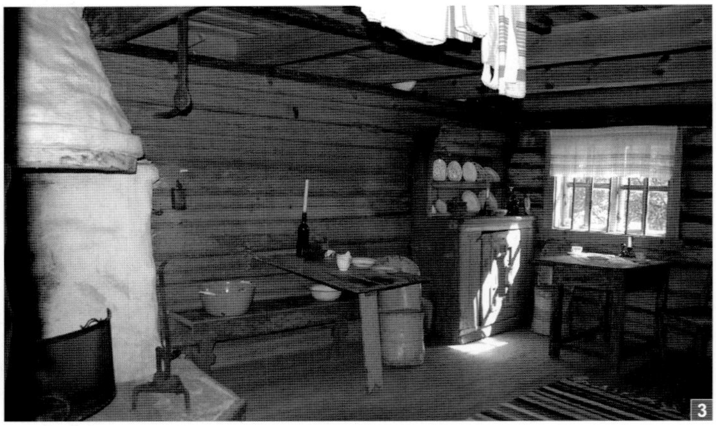

3

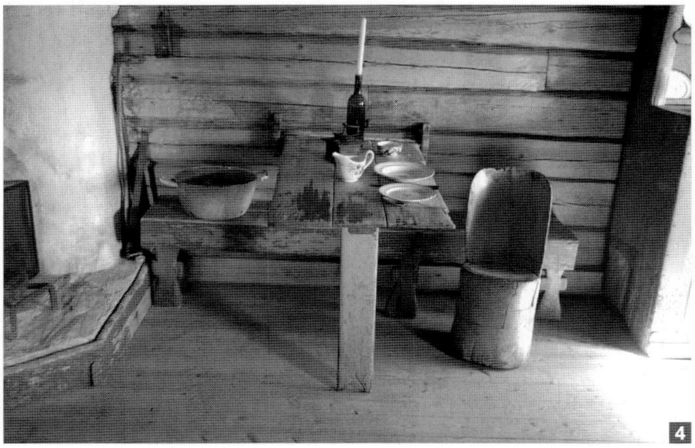

4

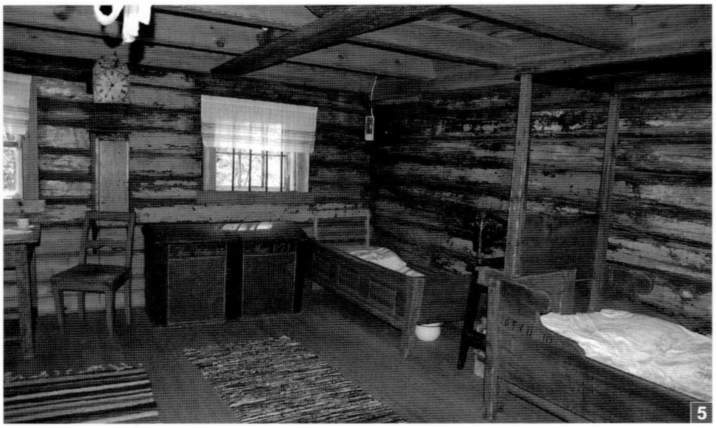

5

壁材は，修復の際にかなりの部分が新しい材料に変えられている。残された古い材料を見ると，そこには色が塗られていた痕跡がある。かなり色褪せし落ちてもいるが，やはり青い色が使われている。

1 入口側の長さが6mあまりの小さな小屋
2 青く塗られた壁の塗料が剥げかけた主室入口正面
3 壁材が新しく替えられた主室正面左側
4 炉の脇の粗末な跳ね上げ式テーブルと椅子
5 2つのベッドが並ぶ主室右側
6 主室左側の炉の周辺
7 引き出して幅を広げられるベッドと脇のミシン

13 ゲストハウス

現所在地：Heddal, Telemark
旧所在地：Listeherad
建設年代：1744年

　丸太組積造の壁の上に芝土葺きの切妻屋根が載った主屋，その一部を板壁の回廊が取り巻く特異な立面をしている。これは近隣で一番大きな農園にあった，主としてゲストハウスとして使われた建物である。富裕な農業者の中では，このようなゲストハウスを持つこ

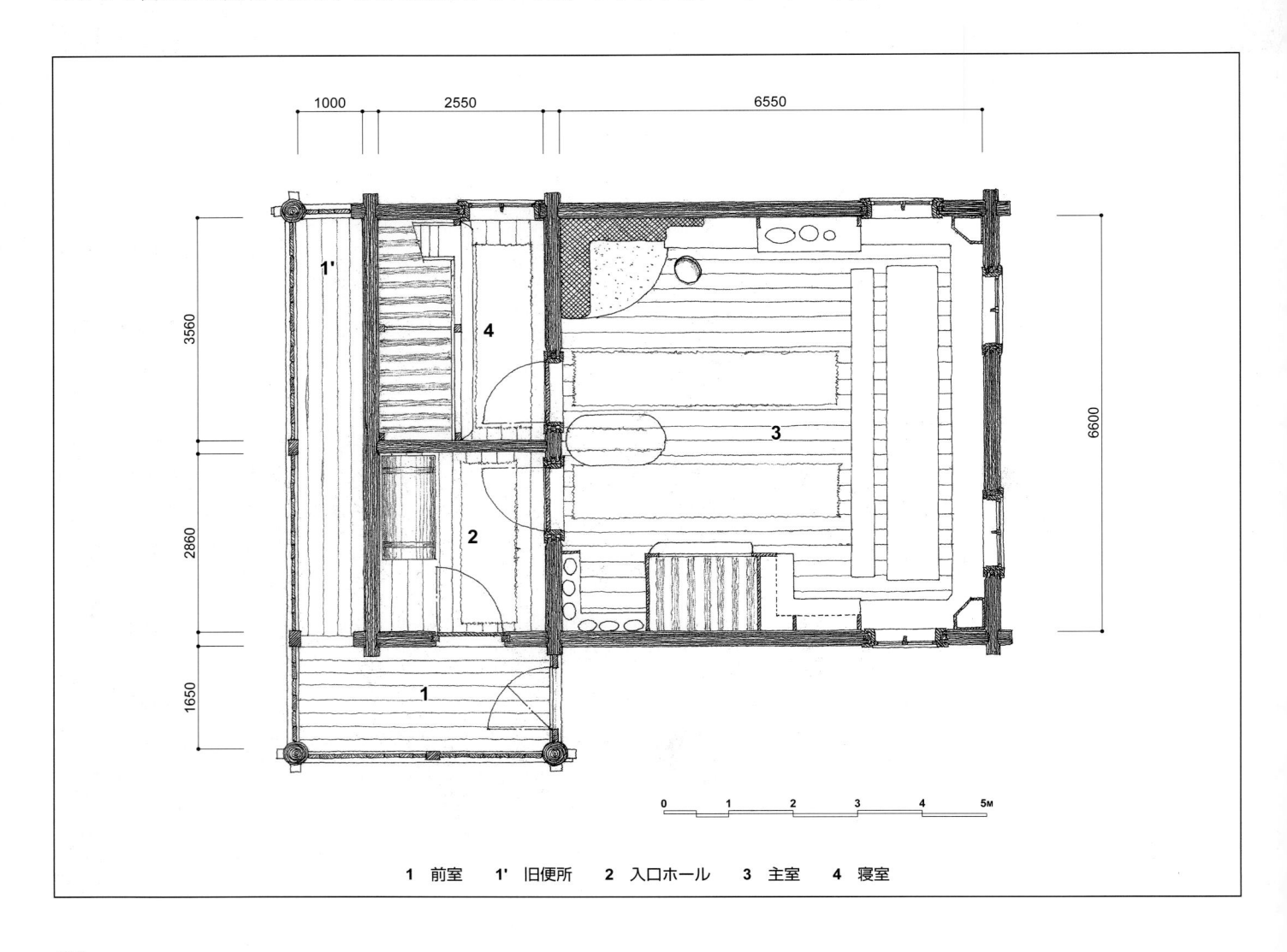

1　前室　　1'　旧便所　　2　入口ホール　　3　主室　　4　寝室

1 板壁の回廊が二方に巡らされた特異な外観

とも珍しくはなかったという。

　その板壁の角に立てられた太い柱は，美しい膨らみをもった円柱に見事に加工されている。ノルウェー独特な倉・ロフトの2階部分のコーナー柱と同様な形態となっている。

　回廊が切れた，角の丸柱の脇が入口になっている。そこのドアは上下2段になっている。開けておいても家畜などが入らないように，下だけは閉めるようにしていた。回廊の突き当たりには，かつて便所があったのだというが，現在はない。

　平面プランの基本形は，主室と入口ホール，小部屋の3室型平面。主室は，ほぼ6m50cm角もある大きな部屋。「12小作農の家」全体がここに収まってしまう。富裕な地主と小作農の差の大きさが感じられる。

　主室入口右手の壁際には，手前から，壁に沿ってL字になった食器棚，箱型のベッド，それに沿ったL字型の食器棚と続く。その奥は三方の壁に沿って長いベンチが造り付けられ，間に大テーブルと独立したベンチが置かれている。奥の壁の両側の角には，聖書や貴重品を入れる物入れが取り付けられている。

　大テーブル周辺は，4つの窓から入る夏の光で明るい。左角の，石積みに石灰が塗られた炉は，白く輝いて見える。炉の奥の食器棚にもたくさんの食器が並んでいる。

　この家が博物館に移築された時，ほとんど使われていなかったため，ここの備品類は，隣の農園の同様の建物からコピーされたものであった。箱型のベッドや食器棚など，見事な作りだ。隣の小部屋には，壁いっぱいに2連のベッドが造り付けられている。この部屋は，農場の若者も使ったのだという。

　奥のベッドの隅，ベッド脇に上ったところから，2階への階段が伸びている。子ども部屋として使われた部屋に登る。

Ⅲ 各地の民家 ｜ 121

2 入口反対側の板壁
3 脇に跳ね出した入口
4 入口横の丸柱と板壁
5 両角に小物入れが置かれた主室正面
6 主室炉と食器棚
7 入口から見た主室正面左側
8 主室奥から見た炉の周辺
9 左側くぼみの食器棚とホールと小部屋の出入口が並ぶ主室入口まわり
10 主室奥の大テーブル左側
11 主室奥の大テーブル右側
12 主室右側の食器棚と箱形ベッド
13 小部屋のベッド上に設けられた屋根裏の子ども部屋への階段

III 各地の民家 | 123

14 ロースタ村の家

現所在地："Rollag Folk Village Museum", Rollag, Buskerud
旧所在地：Rostad
建設年代：1732年

　軒の低い芝土葺き切妻屋根のほどよい位置にポーチの屋根が付いた，プロポーションの良い住居。ポーチ角の柱はエンタシスに加工されている。
　ホールに入ると，左右両室のドアともに美しくペインティングされている。
　左側が主室。切妻の勾配なりの天井頂部に太い丸太の母屋が架かり，そこから両側の壁

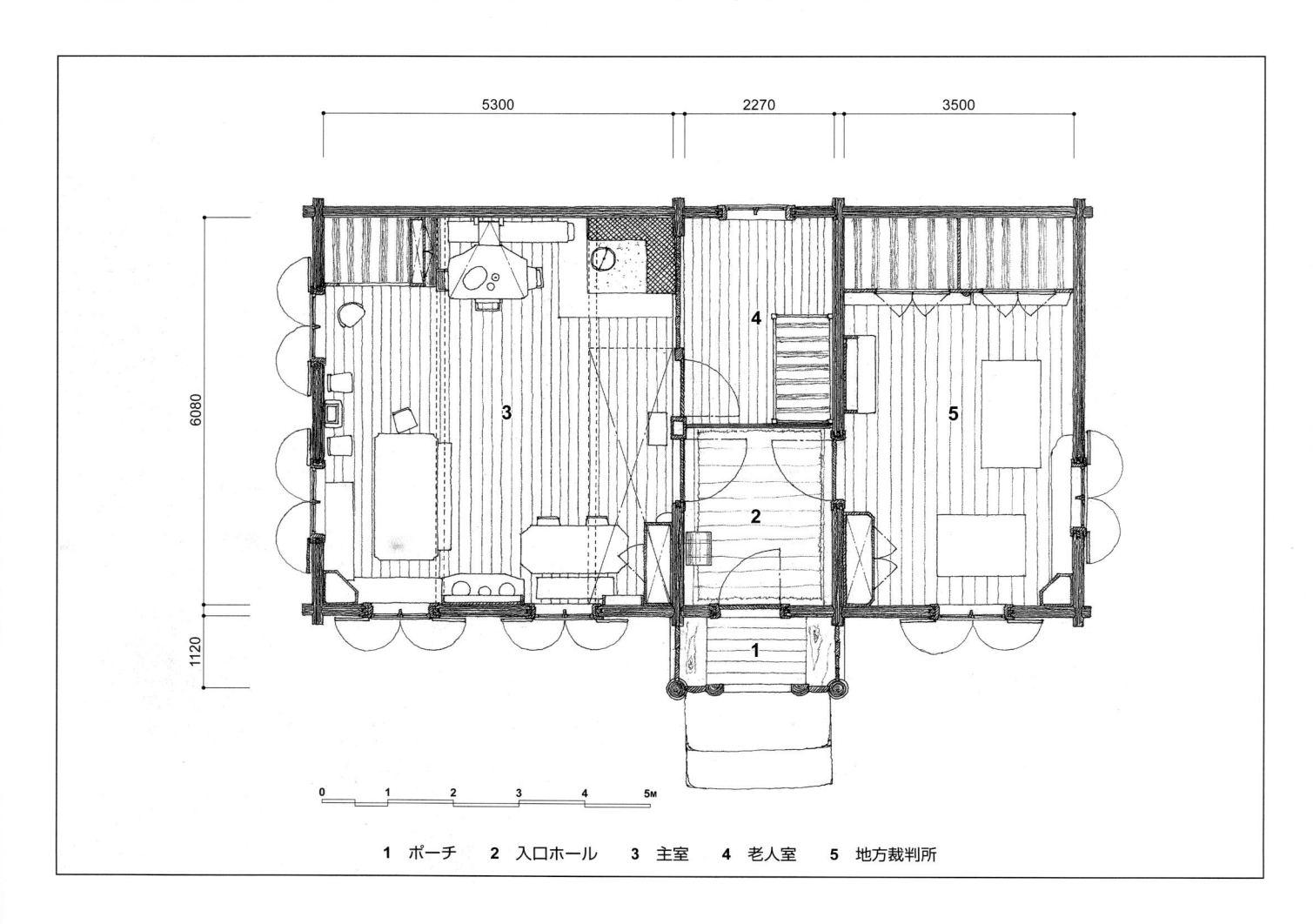

1 ポーチ　**2** 入口ホール　**3** 主室　**4** 老人室　**5** 地方裁判所

に垂木が伸びている。垂木・母屋構造の屋根架構が現れている。炉の角と奥のテーブル近くと，2本の繋ぎの陸梁が架かっている。手前の梁から入口側の壁までの上には床が張られている（平面図×線部）。そこは子どもの寝所として使われていた。その床は，右手奥の炉の手前で止まっている。そこへ登るためのはしごは，使わないときは上げられている。

　炉は，青味がかった石積みの上に白いカバーが載せられた美しいデザイン。

　奥の角のベッドは，物入れなどで二方を囲まれた箱型。収納上部の曲面や彩色など美しく仕上げられている。これはこの農園の主夫妻のベッドであり，そこから常に入口が見えるよう位置づけられていた。

　ベッドと炉の間のテーブルは，甲板から伸びる腕木が壁に取り付けられ，そこを軸に跳ね上げられるようになっている。使わない時は壁に納める。入口左側の壁沿いには食器棚や小ぶりなテーブルが置かれている。奥には二方の壁沿いにベンチ，角には貴重品入れの物入れが造り付けられ，その手前には長さ2mほどのテーブルが置かれている。奥の壁の中央には，縦長の時計が据えられている。中部地方の垂木・母屋構造の架構と空間の特徴が表われた室内。

　隣の小部屋は，老夫婦の寝室として使われた部屋。主室との間の壁は，丸太ではなく板壁で仕切られている。

　ホール右側の部屋は，19世紀に地方裁判所として使われていた。部屋の壁は青く塗られている。部屋の短辺の壁一面に作られたベッドには扉が付き，完全に閉ざされる。

1　森の中に静かにたたずむ家
2　古い吹きガラスがはめられた窓
3　左・主室，右・地方裁判所の開いたドアが見える入口ホール

126

4 丁寧に加工されたポーチまわり
5 食器棚，コーナー物入れ，時計などが置かれた正面左側
6 ホールから見た主室正面
7 小テーブルが置かれた主室入口付近
8 主室入口上に設けられた子ども用の寝所
9 主室入口脇に取り付けられた厄物入れ
10 主室の美しい炉と箱形ベッド
11 炉とベッドの間の壁に取り付けられた跳ね上げ式テーブル
12 壁が青く塗られた地方裁判所として使われた部屋
13 突き当りは地方裁判所として使われた部屋のベッドの扉

ヴィラン農園の家

現所在地："Hallingdal Museum", Nesbyen, Buskerud
旧所在地：Hol
建設年代：1750年

　比較的規模は小さいが，内部空間の充実した，さまざまな意味のある家。平面プランは主室平入り型。ポーチを経て主室に入ると，このプランの定型通り正面に炉。経年変化でグレーになった外部とはうって変わり，内部空間は華やかに彩られた世界となっている。
　垂木・母屋構造の勾配天井，その板はもちろん母屋も垂木も白く塗られた地色の上に，

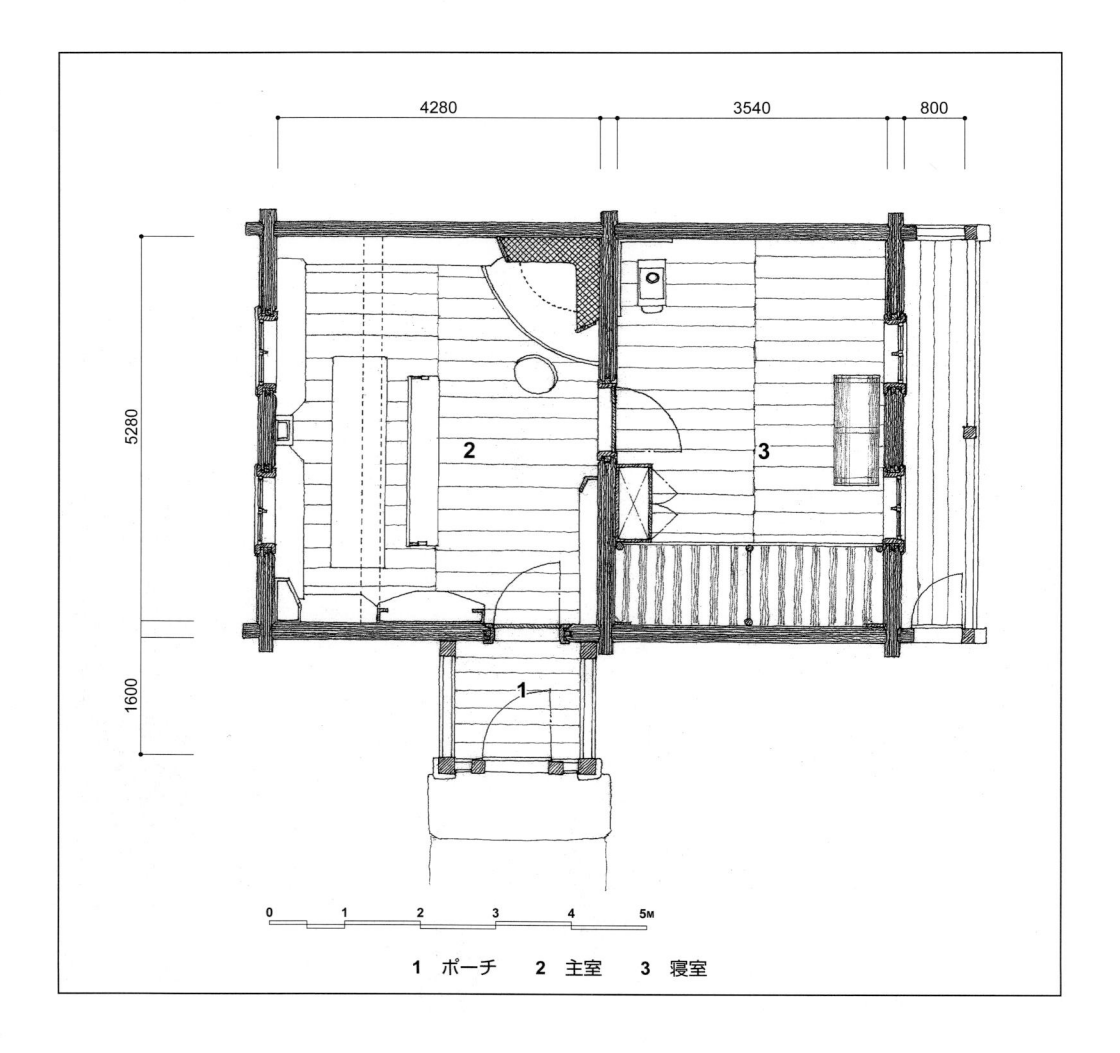

1 ポーチ　**2** 主室　**3** 寝室

赤味がかった茶色で植物の葉とつるが連続して円を描くようにして描かれている。

　壁材は、上部2段のみ平らに仕上げられ、桁のような扱いになり、天井部と同じ表現が施されている。その下の壁は、それぞれ一本ずつ丸みをもたせて丁寧に削り込まれた丸太が積み重ねられ、しかもそれらは黒味がかった深い藍色に塗られている。入口右手や左側の壁沿いの食器棚も、彫刻や塗装で飾られている。

　壁沿いのベンチは、他では素木のままなのに、ここでは赤味がかった茶色に塗られている。その茶色は、陸梁やドア枠などにも使われている。所々はげてはいるが、床さえもが、同じ茶色で塗られている。つまり、この室内には素木のままの部分はどこにもなく、すべてが見事に彩色されている。

　大テーブルの足元は、台形に加工された木の塊、これも茶に塗られている。そのテーブルの手前に独立したベンチが置かれている。この座も茶色に塗られ、背板には透かし彫りがされ、美しく彩色された立派なもの。

　ところが、ベンチの背板がテーブルの側にある。これではテーブルに背を向けて座ることになる。よく見ると、その背板は、座の両端中央に立てられた支持板から直角に伸びる腕木に付いている。その支持板と腕木の取付け部は回転するようになっている。つまり背板は、その取付け部を軸にして回転するように作られている。

　なぜこの部屋で、ベンチの背板を回転させ、座る人の向きを変えさせる必要があるのだろう。その疑問を案内の人にぶつけてみると、次の答えが返ってきた。この家の主人が、人が来るのを窓から見て、あの人は共に食事をする客ではないと判断すると、ベンチの背をテーブル側にしておくのだという。招かれざる客であっても、そこまでは招じ入れ、何らかの接待はするが、長居はさせないという意思を無言のうちに表現している。ベンチに語らせている。言葉で曖昧な表現をするよりも、より強い意志を感じさせる。きわめて興味深い。

　隣の寝室も、主室同様にすべてが塗装されている。ただし、壁の丸太の色は茶色になっている。壁一面に作られたベッドの奥の壁も同様だ。ベッドの台や縁の板は彫り物がされ、彩色されている。脇に置かれた収納家具も同様。

1　平側に切妻屋根のポーチが付いた主屋正面

2 主屋右側回廊下は倉庫になっている
3 天井は赤味がかった唐草模様で，壁は青黒くすべてが彩色された主室
4 丸太から削り出された椅子が置かれた炉の周辺
5 木塊の足のテーブルや背の回転するベンチなどが置かれたコーナー

Ⅲ 各地の民家 | 131

6 背板に透かし彫りがされたベンチが置かれた主室テーブル側
7 この背板の腕木の取付け部の回転によりベンチの背の反転が可能となる
8 背板を回転させ上にしたところ
9 テーブルに背を向けたベンチ等が置かれた主室妻側
10 主室入口側の装飾されたドアや食器棚等
11 妻壁と天井の装飾とともに壁は茶に塗られた寝室の主室側
12 壁一面に作られ装飾が施された2連のベッド
13 寝室の主室へのドアと暖房用の鉄製の炉

16 高台の家

現所在地：" Hallingdal Museum", Nesbyen, Buskerud
旧所在地：Søre Kolsrud
建設年代：19世紀

　これも主室平入り型平面の家。このタイプの他の家に比べ，入口ポーチの密閉度がきわめて高い。
　ポーチ入口扉は，外側の観音開きの縦長ドアと内側の下半分のドアの二重になっている。
　両側は板壁で完全に閉ざされ，その壁には黒地に人や花の絵が描かれている。ポーチの切妻屋根なりの勾配天井にはしっかりと板が張られ，そこには白地に茶や紺の模様が描かれている。
　主室に入る。少々の圧迫感を感じる。入口正面右側角に炉，左角にベッド，入口左右壁沿いに食器棚，炉の対角線上角にテーブルとベンチ。家具配置つまり，空間の使い分けは，この平面の定型通り。ここも壁，そして舟底になった天井ともに彩色されている。壁は茶色だが，床から距離のある舟底天井はほとんど黒に見える。しかし慣れてきた目で天井をよく見ると，黒，茶の模様にグレーも混ざった複雑な色をしている。いずれにしても，この黒味がかった暗い色が，圧迫感を感じさせる一つの要因になっているようだ。

　この部屋には，平側の壁をつなぐ2本の陸梁が架かっている。入口左側，ベッドとベンチの上に架かる陸梁の上には，奥の壁に向かって床が張られている。しかも陸梁の角から上は，天井に向かって板壁でふさがれ，その空間は完全に閉ざされている。その壁の中央，舟底下には扉が付いている。扉の前からもう一本の陸梁に向かってはしごが渡され，そのはしごを扉前に掛けて，扉の奥の閉ざされた部屋に登るようになっている。そこは子どもの寝所として使われた部屋であった（平面図×線部）。この部屋の，立ち上がり，抜ける部分のない壁と床が，主室に圧迫感を与えるもう一つの要因になっている。

　炉の横の部屋は，老夫婦寝室あるいは客用寝室として使われた。そこには暖房用の鉄製のストーブが置かれている。その隣の部屋は，調理室であり食品庫である。床に設けられた蓋は，「10小作農の家」同様，その下のジャガイモ貯蔵庫の上げ蓋である。

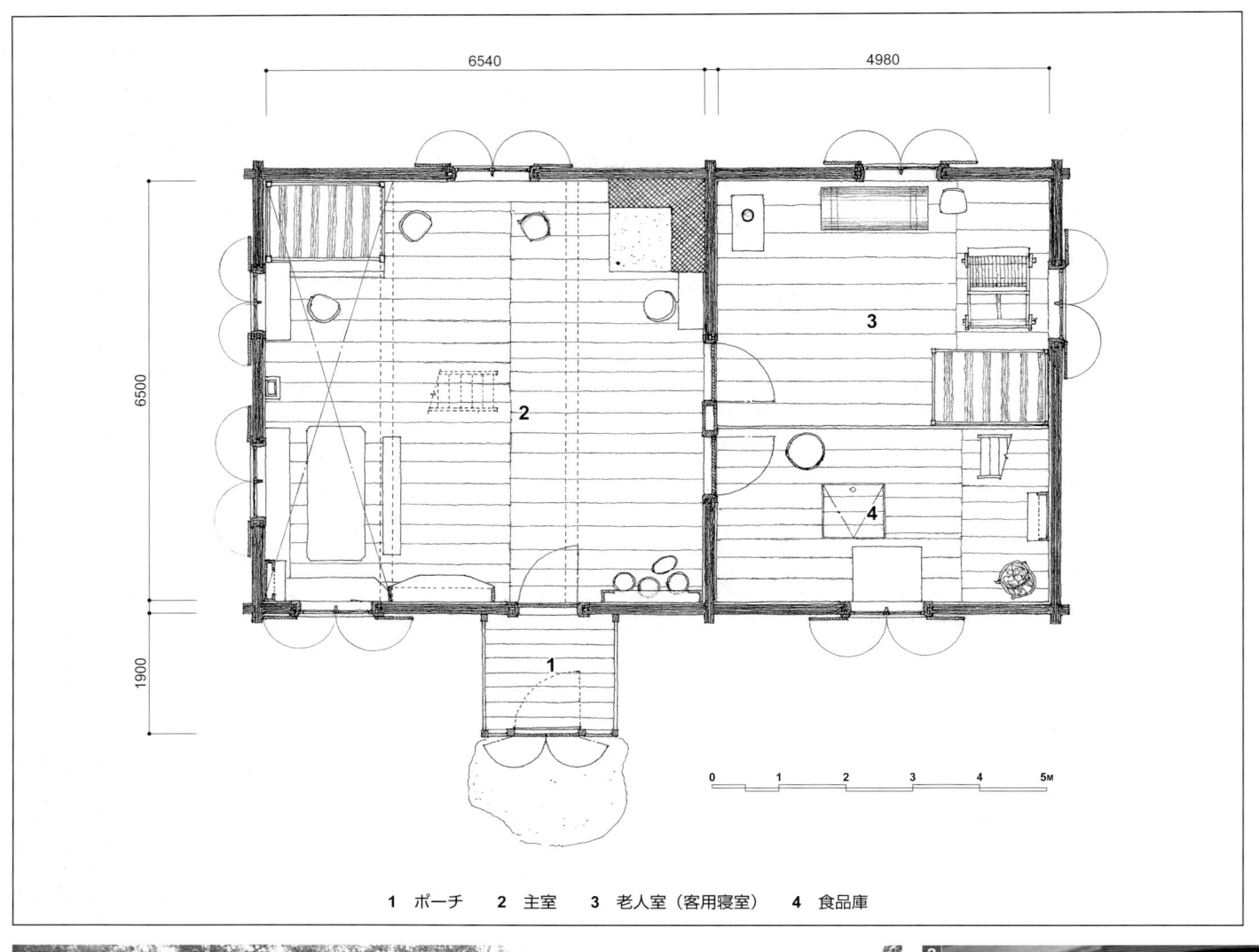

1　ポーチ　2　主室　3　老人室（客用寝室）　4　食品庫

1 両壁面が完全に閉じたポーチの付いた入口側
2 天井や壁に彩色されたポーチ内部
3 子ども部屋下から見た小部屋側
4 ポーチから見た彩色された主室内部で，左上に子ども部屋が見える
5 子ども部屋下から見たベッドと炉
6 主室妻側テーブルまわり
7 子ども部屋へのはしごが吊られた主室妻側

8

8 主室妻側上部の子ども部屋入口ドア
9 黒く塗られた天井と妻壁の中央に設けられた子ども部屋ドアとはしご
10 食品庫内部
11 両脇に食器棚が取り付けられた主室入口まわり
12 老人室のベッドと織機
13 老人室入口側の鉄製ストーブ

Ⅲ 各地の民家 | 137

ローキー村の上の方の家

現所在地：Hemsedal Bygdetun, Løkji, Hemsedal, Buskerud
旧所在地：現地保存
建設年代：1650年

　7号線とE16を結ぶ52号線の中間近くのヘムセダールのローキー村に現地保存された農園。車を下に止め，山の中腹に見える建物を目指し，かなり急な坂道を登る。低いほうに納屋，家畜小屋，倉などが配置され，それらの上側に主屋が配置されている。鍛冶小屋は，主屋より上のはるか離れた所に建てられている。

　道は，その主屋の前のやや開けた所に導かれる。そこは日常はもちろん，非日常のさまざまな行事にも使われる［tun］と呼ばれる中庭だ。下側の付属屋は，もう一つの中庭を構成するように配置されている。この農園から，上って来たほうを振り返って見る風景，あるいは横の牧草地から農園を含めて見る風景は非常に美しい。

　主屋は，芝土を載せた切妻屋根の平側後ろのほうに，もう一つの切妻屋根が結合した初めて見る立面をしている。結合部の間が入口で，その左側は食料庫となっている。食料庫の地下は大きくえぐられている。傾斜地を巧みに活かして建てられた，主室平入り型平面に倉庫を合体させたようなプランの家。
　主室と小部屋の位置関係は，他の住居の逆だが，主室の中の家具配置は，このプランの定型通り。主室入口の左右に食器棚が配置され，正面に炉，右手奥にベッド，そして炉の対角線上のコーナーにベンチやテーブルが置かれている。炉には19世紀に使われ始めた鉄製の炉も並置されている。炉とベッドの間には，長く厚い板の先端に万力の付いた木工作業台が，片方をベンチに載せて置かれ，そこで主人が物づくりをしていたことを示している。ベッドの床面は高く，そこへ乗るための踏み段が2段も付いている。
　ベンチやテーブルが置かれた，家族が集い食事もし，接客の場でもあるコーナー。その上に，ベッドのほうに向かって，構造材とは考えにくい角材が渡されている。その角材は，床から下端までの高さが190cmほどで，彫り物がされ，下端には食事の際のナイフ差しが取り付けられ，さらにその下に設けられた棚板の受け材が食い込んでいる。その角材の上端に接して，直交方向つまり両妻壁を結んで2本の丸太が架かっている。その丸太は部屋をほぼ均等に割るような位置にあり，その中央部，入口寄りの上には床が張られ，はしごが乗っている。壁はなく手すりだけなので，圧迫感は少ない。そのはしごを使って上るそこは，子どもの寝所であった。

1 わずかな駐車スペースから仰ぎ見た山の中腹の農場建物
2 急な坂道を登った後の農場へのアプローチ
3 平側に食料庫が結合した主屋とその前の〔Tun〕

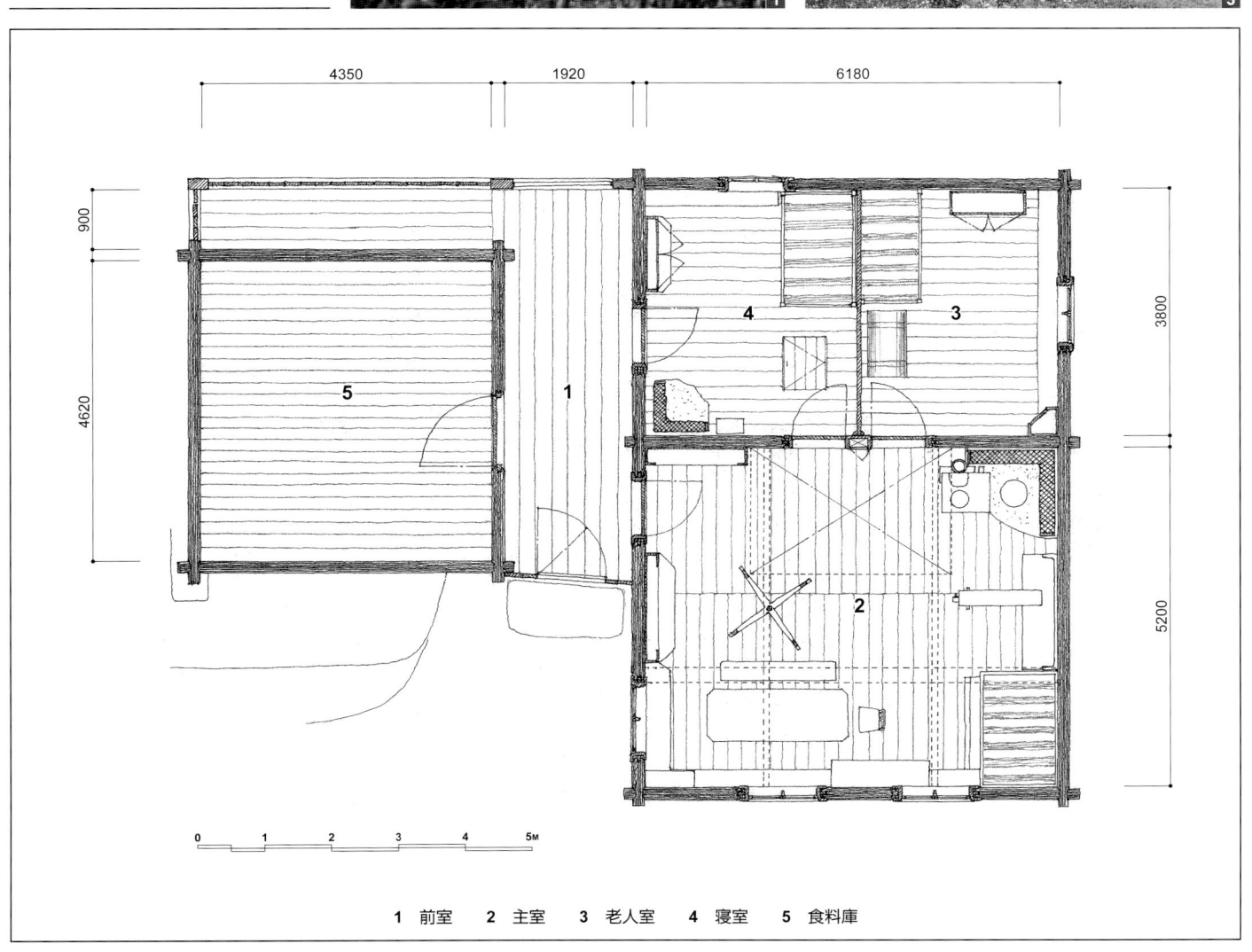

1 前室　2 主室　3 老人室　4 寝室　5 食料庫

Ⅲ 各地の民家 | 139

この部屋に圧迫感ではないが，圧倒的な存在感を示しているのは，大テーブル手前に立つ大きな糸繰り機だ。中央の軸の下部は床に止められ，上部は丸太の脇で支持されている。上下の腕木の長さは150cmもある。何でこんな所でといった存在だ。

　隣の2つの寝室のドアの間には，彩られた小さな扉が付いている。開けると奥行の浅い棚があり，一番上には棚の裏に通じる穴が開いている。他の家でも，扉の無い穴だけのものをも見かける。この穴には，切った爪や髪の毛を入れたのだという。かつてはそのような身体の一部にも魂が宿っていると考え，それらを外部に捨てることを忌み嫌い，そこに集めた。寝室の一つは老夫婦のものであり，他の一つは客人や病人のために使われた。

4 農園所在地の高さを感じさせる牧草地から見た建物群と山並み
5 右手上に鍛冶小屋が見える農場建物群
6 下方の付属建物側から見た主屋と食料庫
7 下方から見た家畜庭を構成するように配置された付属建物
8 ロフトのたくましい束
9 主屋・食料庫入口
10 ホール左側の食料庫内部
11 食料庫下部
12 主屋の軒先とけらば
13 主屋と食料庫の間のホール

Ⅲ 各地の民家 | 141

14 上部に子ども用寝所の床が見える入口側から見た主室内部
15 主室入口の右手妻側
16 2つのドアの間に厄物などを入れる小物入れが設けられた小部屋側
17 食料庫入口ドアの錠
18 炉の横に造り付けられたベンチ上の木工作業台とベッド
19 上部子ども用寝所とそこへ登るためのはしご
20 最上部の穴から爪や髪の毛などを落とし込む小物入れ
21 彩色された入口脇の食器棚
22 糸車や食器棚が配され，右上に子ども用寝所が見える主室入口側
23 テーブル上部の角材下に設けられたナイフ差し
24 ホール側小部屋内部
25 ホール側小部屋の炉

Ⅲ 各地の民家 | 143

スカッテブー村の家

現所在地："Valdres Folkemuseum", Fagernes, Oppland
旧所在地：Skattebu
建設年代：1725年

　ファーゲネスの比較的大きな野外博物館に移築保存された，中東部地域特有の平面型である主室平入り型の家。入口ポーチは囲われているが，正面の壁，ドアともに上部は開いている。

　内部家具配置はこのプランの定型通り。入口左右に食器棚，左角一帯にベンチとテーブル，正面突き当たりに炉，その左隅にベッド。炉とベッドの間には，片側を壁に止められ，反対側を上に上げると壁に平らに収まるテーブルが取り付けられている。

　炉は，大きな石を丁寧に加工してあり，左側壁の中間辺りの高さに20cm角ほどの凹みが作られている。そこで木っ端を燃やしたり，ローソクを燃したりして，あかりを採るための仕掛けである。冬の間，太陽が顔を出す時間の少ない，この国の人々のあかりに対する強い想いが感じられる。

　大テーブルのある家族の集う場のベンチ上のコーナーには，主人のための聖書や貴重品を入れる三角物入れが付けられている。このコーナーのテーブル上には，両妻壁を結ぶ上下2段ずつの丸太の梁から棚板が下げられ，食事の際に必要なさまざまな桶類が載せられている。窓枠や隣室へのドア枠は，鮮やかな青に塗られている。

　その隣室への2枚のドアの間は，ドア枠とともに箱状に囲われ，建具はなく幅広い板で覆われている。その板の目の高さの辺りに小さな穴が開いている。その穴から切った爪や髪の毛を入れ，そこへ押し込めておいた。身体の一部だったものを外へ投げ捨てるのを忌み嫌い，そこへ収める習わしがあった。

　この部屋で特筆すべきは，入口左側のベンチである。ドア脇から奥のテーブルのほうへ続くものだが，端から90cmほどのところで食器棚によって途切れている。わずかな寸法のベンチを，何故入口脇に残したのだろう。

　かつては物乞いが来ることも多かったのだという。彼らが来たとき，追い返しはせず，あげられる物を見繕うあいだ，まずはそのベンチに座らせて待たせた。そのためのベンチだった。このことは，他者を拒絶するのではなく，まずは招じ入れる。しかし，受け入れる領域はそのベンチまでだということを示している。この国の人々の他者に対する姿勢が，このベンチに現れている。主室の中のコーナーごとの機能的な領域に，もう一つの領域が

1 上部の開いたポーチの付いた正面外観

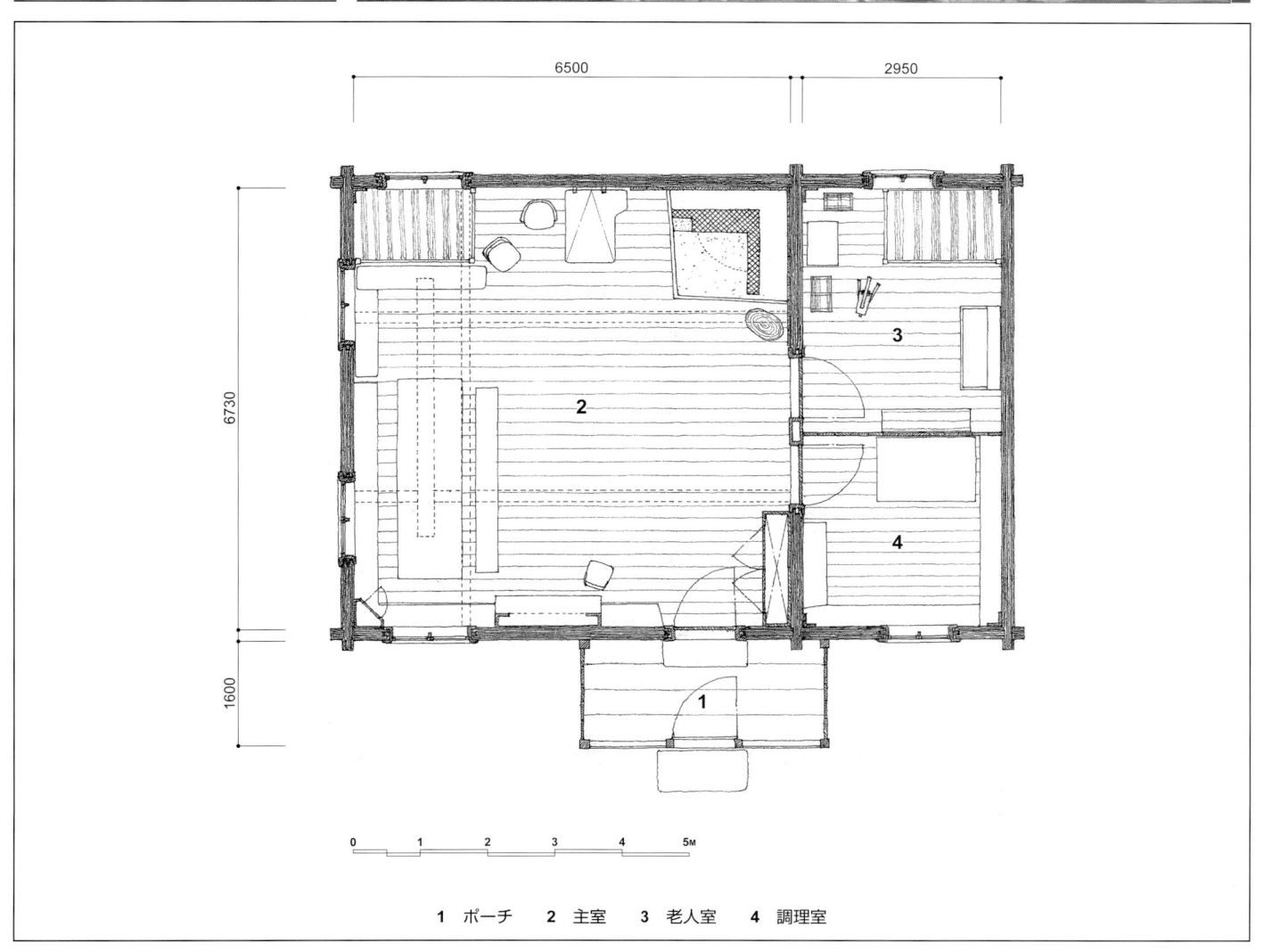

1 ポーチ　2 主室　3 老人室　4 調理室

Ⅲ 各地の民家

見えてくる。

　炉の隣の小部屋は，老夫婦の部屋であり，時には病人や客人の部屋としても使われた。入口側の小部屋は，調理室であり，チーズを作ったりコーヒー豆を挽いたりといった下ごしらえをする部屋で，それらの道具がさまざまに並んでいる。

2　入口から見た主室正面炉まわり。炉の左壁にローソクが載っている
3　主屋裏側
4　主室入口右側の小部屋入口
5　炉の隣の壁に取り付けられた跳ね上げ式テーブル
6　火の焚かれた炉と小部屋入口中央の厄物入れの穴
7　主室入口左右の食器棚と入口脇ベンチ

Ⅲ 各地の民家 | 147

8 テーブル奥の角に小物入れの取り付けられた主室妻側
9 食器棚の脇にベンチがある主室入口側
10 主室側から見た老人室
11 老人室入口側
12 主室から見た調理室
13 さまざまな桶が並ぶ調理室

アンドリース・ヴァングの家

現所在地："Valdres Folkemuseum", Fagernes, Oppland
旧所在地：
建設年代：19世紀初

　入口ホールを含めた3室型平面の家。規模は小さいが，この平面型の特徴がよく出ている。入口ホールの床には，大きな平石が敷かれている。隅には奥の小部屋上の低い屋根裏部屋へのはしごが架かっている。主室左手の壁沿いには食器棚が置かれ，その奥のコーナーにはベンチが造り付けられ，手前にテーブルが置かれている。　右手奥に炉。ここで調理し暖をとるのはいうまでもない。

　この炉の右側壁の内側角に，四角い凹みがある。床から65cmの高さで，奥行・高さとも20cmほど。これは灯火用の小さな火床である。ここで木っ端を燃やし，あるいはローソクを点けて，照明の役割とした。長い冬には太陽が顔を出さない極夜もある北の国の人々の，あかりに対する思いの込められた工夫といえよう。

　炉の左角には木製のソファーが置かれ，その手前に楕円形をした木製の物入れが置かれている。その側面に"Andris Vang 1828"の文字が書かれている。その持ち主であり，ここ

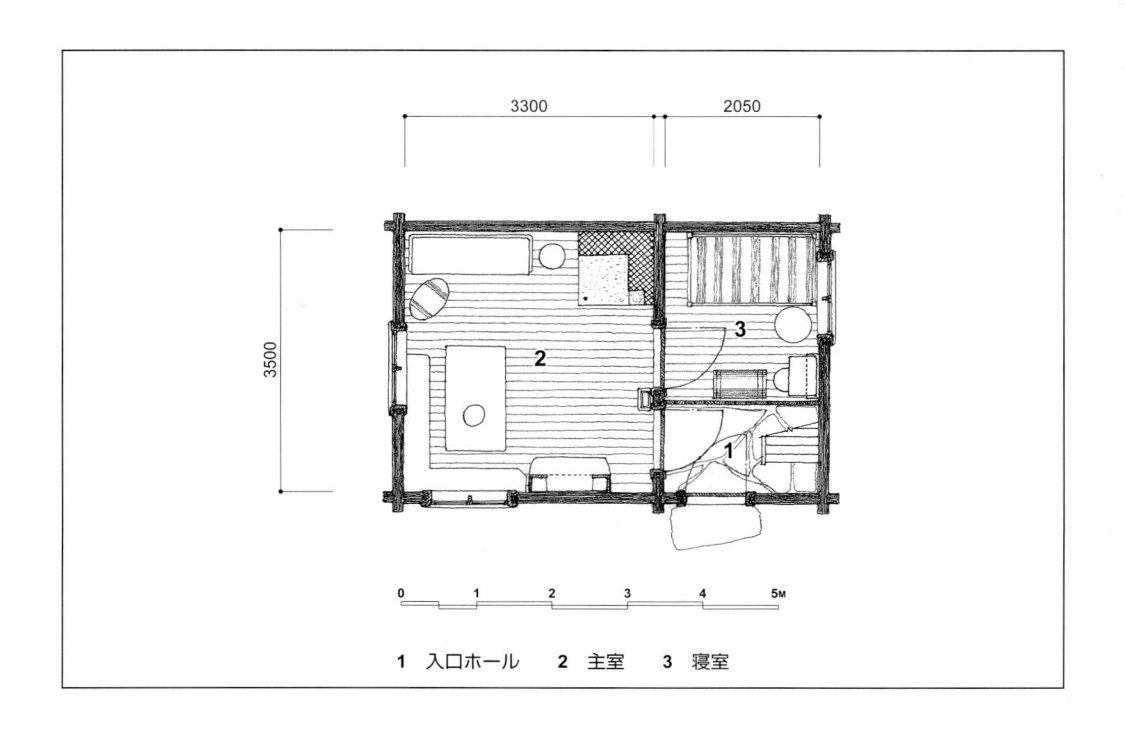

1　入口ホール　　2　主室　　3　寝室

に住んでいた人物の名前である。

　炉の横の小部屋は，アンドリースの寝室。ベッドが半分を占めるほど小さな部屋。壁際には，ライティングテーブル付きの書棚が取り付けられている。

1 小規模だが軒の高い住居
2 スレート敷きの入口ホール
3 入口から見た主室正面
4 民族衣装の女性が出て来るスレート葺きの住居
5 炉のある主室右側
6 主室寝室側
7 炉の右側壁のあかりを灯すための凹み
8 主室入口脇の食器棚
9 ベッド脇にライティングテーブル付き棚が置かれた寝室
10 持ち主の名の入った物入れ

Ⅲ 各地の民家 | 151

インビグダ村の家

現所在地：Trysil Bygdetun, Trysil, Hedmark
旧所在地：Flermoen, Innbygda, Hedmark
建設年代：1800年

　スウェーデン国境に近いトリーシルの町の中心から300mほどの所にある野外博物館。
　その中の1棟が、さらに国境に近いインビグダ村の南東40kmのフレールムーエンから移築されたこの住居。

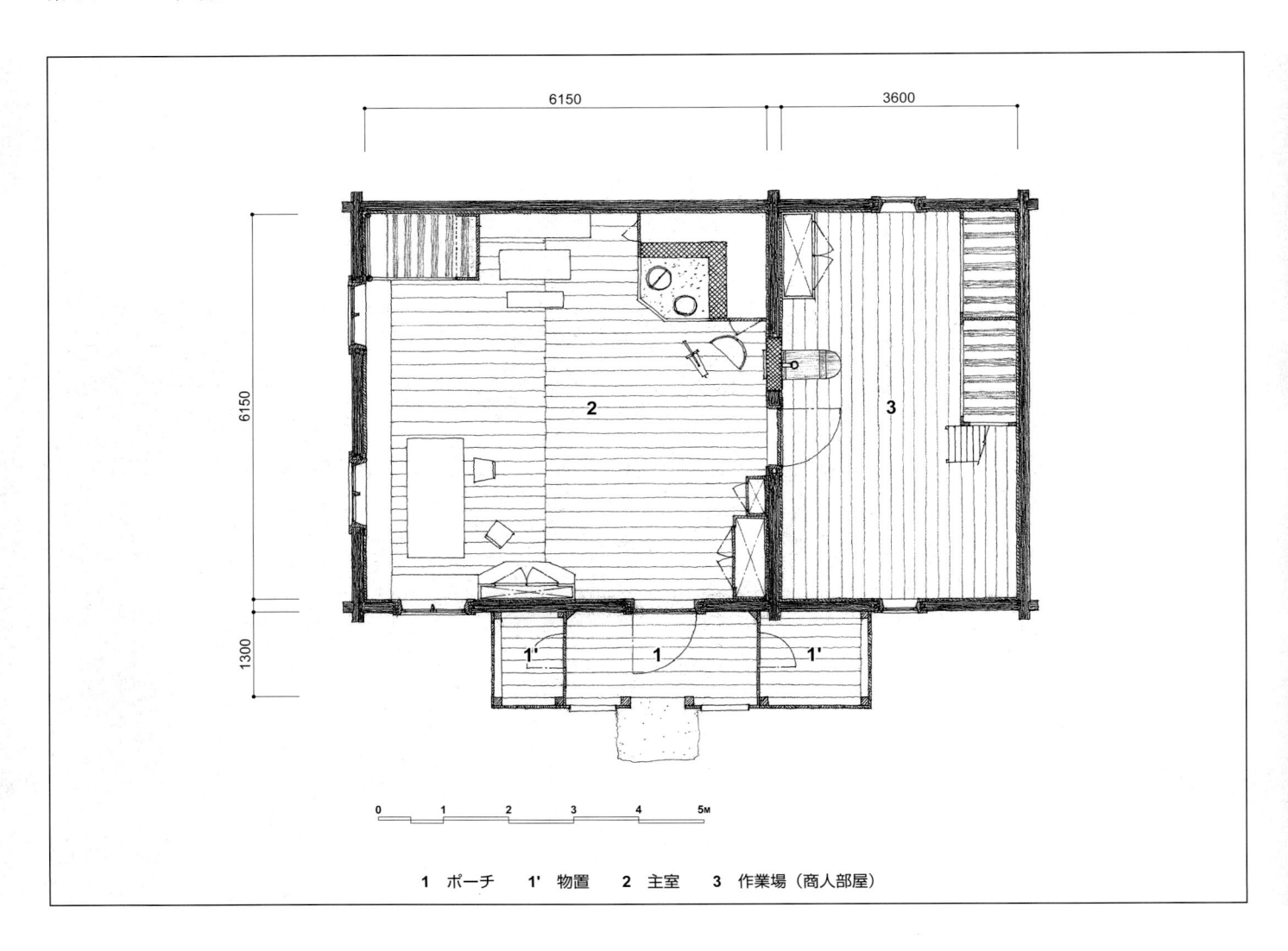

1　ポーチ　　1'　物置　　2　主室　　3　作業場（商人部屋）

板葺きの切妻屋根の平側にきわめて横幅の広いポーチが付き，その両側は物入れになっている。ポーチを経て直接主室に入る。比較的広々とした部屋の家具配置は，この主室平入り型平面の定型通り。入口正面に炉，炉の両脇に板戸が付いているのは，裏側が薪置場になっているため。左側には両親のベッド，出入口が見やすい位置ということでここに在る。

　このベッドは，短辺足元側は囲われた箱形で，その上部に物入れが付いている。ベッドの上には，起きるとき身体を引き上げるための，取手の付いた紐が上から下がっている。入口左手奥には，長いベンチとテーブル。その手前，入口左右には食器棚。この食器棚がしっかりした作りで，扉には植物模様が描かれている。これらの家具類は，この家の息子が作ったもので，彩色はスウェーデンから来た装飾絵描きが描いたものだった。

　この家はかつて，その絵描きによって壁・天井が絵で埋め尽くされた，彩色された家，「装飾画で埋め尽くされた家」と呼ばれるほどの家だった。しかし現在，それらはまったく失われ，その名残りをドアや家具に見るだけとなっている。

　隣は細長い一室となっている。ここは靴づくりの作業場でもあった。長手方向の壁に沿って，二連の2段ベッドが造り付けられている。スウェーデンから国境を越えて行き来していた商人が，ここを使っていたとされる。鉄製の暖炉が，部屋をまたいで据えられている。

1 基礎の石積みが見える側面
2 身体を引き起こすための紐が下がった箱形ベッド
3 ベッドの側から見た主室入口側
4 両脇に物入れのある幅広のポーチが付いた正面外観

5 ポーチから見た主室
6 息子が作ったとされる収納家具のある隣室への入口側
7 隣室のストーブの煙突が連なる主室炉の周辺
8 かつての装飾画は完全に失われた主室妻側
9 作業場のベッド
10 作業場の屋根裏物置へのはしご

アルヴダールの農園（冬の家, 夏の家）

現所在地：Alvdal, Hedmark
旧所在地：Alvdal
建設年代：18世紀

　アルヴダールの町の近くを流れるグロマ川に沿って，上流に上った丘の上に保存された農園。見下ろすと川の対岸，橋のたもとにノルウェーの建築家スベレ・フェーンが設計したアウクルスト・センター（Aukrust Sentre）が見える。

　農園の脇に鉄道線路が通っている。この農園は，元は線路の東側にあったのを，18世紀に現在の場所に移した。元の所有者がそこに新たに家を建てようとして2, 3の家を壊した後，保存の動きが起こり，1943年までに保存が決まり，現在は地方自治体の所有となっている。民家の保存方法として最も望ましい現地保存，元の環境も含めた保存が確保されている。

　元の15棟の建物に，プライベートのトイレと他の農園から移築された家畜小屋が加えられている。細い道を上り右へ曲がった所のわずかな駐車スペースに車を止めて先を見ると，やや上る道の先に，芝土の屋根を載せた数棟の建物が見える。

　柵沿いの道を，傾斜した牧草地を右にして進む。馬が牧草を食んでいる。羊小屋，馬屋，格納庫，収穫小屋，納屋，倉などの付属建物の上のほうに，ここに取り上げる「冬の家」や「夏の家」が配置されている。

　バスツー（サウナ）や鍛冶小屋などの火を使う建物は，それらの群から離して建てられているのはいうまでもない。鍛冶小屋は線路の反対側，おそらく元々建っていた場所にある。「冬の家」と「夏の家」は，それぞれの入口の前に広場を構成するように，L字型に配置されている。

1　丘の上に点在する農園建物
2　農園の付属建物群

3 　右手に牧草地の広がる農園へのアプローチ
4 　左側の冬の家と右側の夏の家
5 　下から見た左側夏の家と右側冬の家
6 　丘の上の農園から見た川向こうの風景とアウクルスト・センター

冬の家

　L字型の囲まれた側から見て左，北側に配置された「冬の家」。芝土葺き屋根の平側に，切妻屋根のポーチが取り付いている。平面プランは主室平入り型といえるが，小部屋を仕切る壁はない。しかし，正面の炉の後，本来壁があるべき所には，その上部棟母屋に直交する丸太7段の垂れ壁が設けられている（平面図点線部）。

　入口壁に直交して置かれた食器棚と，その垂れ壁によって，明らかに空間は2つに分割されている。そこに壁があれば両部屋ともに狭くなるところを，壁をなくしてつなげることによって広がりをもたせながら，空間的には仕切られた感覚をもたせている。ここには意識に働きかける"しきり"が存在する。

　家具配置を見ると，入口左脇の食器棚の延長突き当たりには炉がある。その炉は，一方の壁はなく，突き当たりの壁からも少し離れているため，部屋に独立して置かれたような存在になっている。炉の対角線上のコーナーには，ベンチとテーブル。その奥のもう一つのコーナーには織機が置かれているが，ベッドであってもよい。それは学芸員も同意していた。ベッドは，隣室ともいいうる炉の後のコーナーに置かれている。この位置は，他の例からしても，当然あるべき場所だ。この仕切られた空間は，ベッドのほかに幼児用揺り

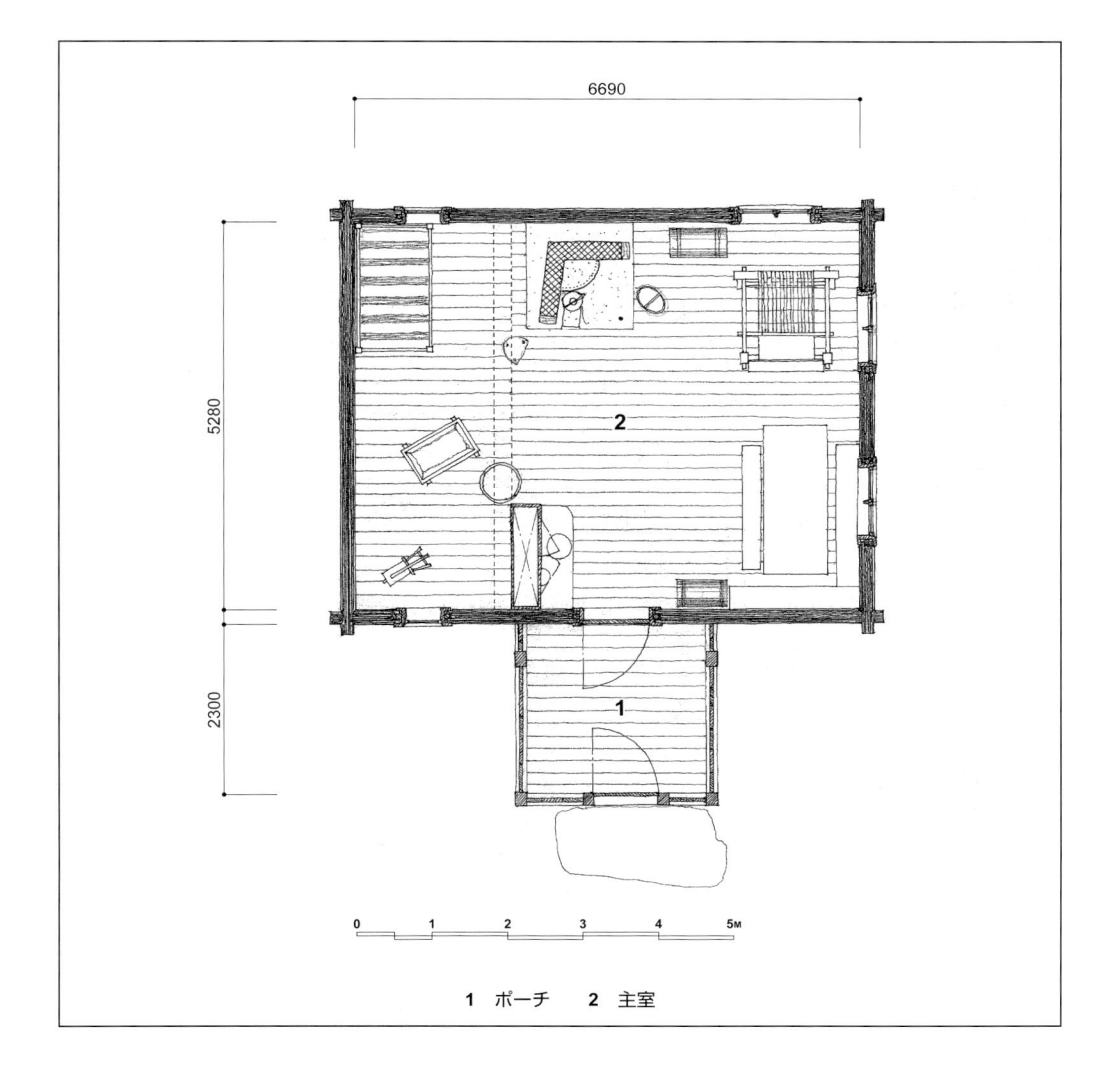

1　ポーチ　　2　主室

かごや糸繰り機が置かれ，女性や子どものための空間といえる。
　壁材は，平らに削り落とされることなく，丸みがきれいに残された丸太が積み重ねられている。上を見ると，妻壁から妻壁へ，そこの丸太の間ごとに，複数の母屋丸太が渡されているのが見える。母屋構造の屋根架構であることがはっきりと現れている。

7　冬の家正面
8　ポーチ内部
9　入口から見た炉のある主室と小部屋を仕切る垂れ壁
10　天井面に母屋構造が見える主室右妻側面
11　主室から垂れ壁で仕切られた小部屋を見る

Ⅲ 各地の民家

12 炉の裏と上部垂れ壁
13 主室入口と脇の仕切り役を担う収納家具
14 主室炉の右側
15 主室入口右のテーブル席
16 家具と垂れ壁で仕切られた右の小部屋と左の主室入口
17 小部屋内部の食器置きや糸車

夏の家

　L字のもう一方の側に建てられた「夏の家」。立面は「冬の家」同様な姿をしている。規模も面積がやや大きい程度でさほど変わらない。ポーチ入口ドアは，上下2枚に分かれ，下は家畜などの侵入を防ぐために閉めても，上だけを開けられるようになっている。

　平面プランは「冬の家」を反転させたような配置になっている。小部屋に当たる部分は，主室の右側であり，従って主室入口の右手に食器棚があり，並んでオルガンが置かれている。それらの奥，突き当たりに炉が設けられ，その炉は左側部屋中央に向かって開き，その対角線上のコーナーには，ベンチとテーブルが置かれている。炉の左側には，壁際に造り付けられたベンチの前に，小さなテーブルと椅子が置かれている。

　「冬の家」と違い，2つの部屋を仕切っているのは，天井下の垂れ壁だけではない。ここでは，入口壁に直交して置かれた食器棚やオルガンだけでなく，その後に，床上に置かれた一本の丸太の上から垂れ壁下まで，板壁が設けられている。さらに炉の後も，床上の丸太から垂れ壁まで，一部薄い板壁でふさがれている。薄い板であっても，それらの壁の存在によって，その間が広く開いているにもかかわらず，2つの部屋に仕切られた感覚はより強まっている。

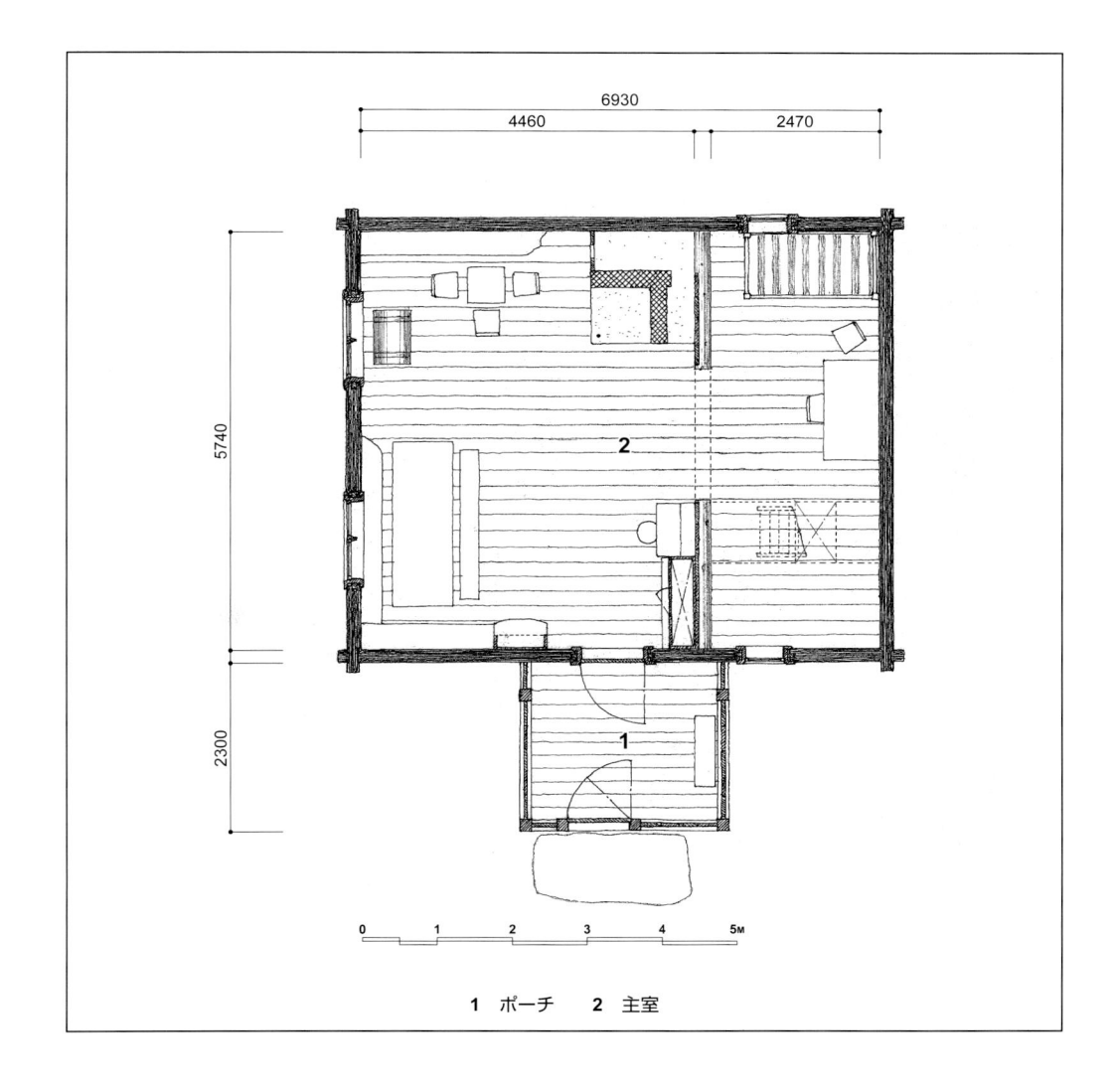

1　ポーチ　　2　主室

ここも屋根架構は母屋構造であり，それが室内に現れ，壁も丸々とした断面の丸太が積み重ねられている。

18 付属建物越しに見た夏の家正面
19 主室から垂れ壁越しに小部屋を見る
20 入口から見た炉に火が焚かれた主室
21 テーブル席から見た入口にオルガンが置かれた小部屋側
22 主室入口側から見た垂れ壁と板壁で仕切られた小部屋
23 テーブル席から見た梁に揺りかごの下がる室内
24 小部屋から見た主室妻側
25 主室妻側のテーブル席周辺
26 小部屋から炉の背面壁と主室を見る
27 主室入口側

おわりに

　ノルウェーの民家は，フィンランド，スウェーデンの民家同様に丸太組積構法で造られていた。
　しかし，その木材加工の技術には，ヴァイキング船を造った匠の技術を継承していると考えられる優れたものが随所に見られる。
　平面プランは，他の2国にはない独特な，[主室平入り型プラン]を生み出していた。それはこの国の，特に起伏の激しい地形が影響している。
　その影響は，地域ごとの平面プランを生み出すとともに，主室における領域設定にも関係している。
　領域のありようは，それぞれのプランごとで違い，この国共通の定型を見い出し難い。
　ここには，領域の境界を示す象徴的な建築的しかけはない。
　特に他者を拒絶するような[しきり]は見られない。
　そこには「歓待」の精神に裏付けられた，「もてなし」のこころが家具によって表現されていた。

　『フィンランドの木造民家』に始まり『スウェーデンの木造民家』，そしてこの『ノルウェーの木造民家』出版により，北欧の丸太組積構法による民家三部作と考えている。
　『フィンランドの木造民家』には，民家建築の工法や道具について記しているが，それらは3国ともに共通しているので，ここではかなり省略した。それらについては前著を参照していただけたら幸いである。
　1984年のフィンランドの民家調査から，随分と長い年月が経過した。
　この間，調査・研究を継続できたのは，これらの民家の中に象徴的な「しきり」を発見したことが大きな要因の一つとしてある。
　私は，日本のさまざまな空間に見られる「しきり」に関心を持ち続けてきた。
　それは，複数の領域の境界を完全に閉ざすものではなく，しきりつつ関係付けるものとして捉えられ，人と人のコミュニケーションの問題として考えてきた。
　その前提があって，北欧3国の民家空間における，北欧の人々の他者との関係の表現に気付くことができたのかと思う。
　それをもっと知りたい，確認したいという想いが，調査・研究を継続する力になってきた。

　さらにもう一つの要因として，『フィンランドの木造民家』を先ず出版できたことがある。これによって次への想いが強まったといえる。
　前著にも記しているが，その出版の機会をつくって下さったのは，日本大学名誉

教授，山口廣先生です。先生にはその後もさまざまに助言や励ましをいただきました。
　あらためて感謝申し上げます。
　ノルウェー語資料の翻訳など言葉の問題では，ノルウェー人留学生・Morten Vatn君にお世話になりました。
　ノルウェー王国大使館の広報担当官・伊達朱実さんには，ノルウェーに関する資料の調達や地名のカタカナ表記の確認等にご協力いただき，編集者の鶴田真秀子（あとりえP主宰）さんには，ノルウェー現地情報入手のご協力を得ました。
　あわせて感謝を申し上げます。
　また現地では，多くの学芸員の方々から，資料コピーや情報などをいただきました。
　さらに現地の多くの方々の親切なもてなしをいただきました。
　お住まいを拝見させていただいたり，一泊の宿をご提供いただいたりもしました。
　いずれも現地で初めて知り合った方々にもかかわらず，そのご好意に，ノルウェー人のもてなしの心を身にしみて感じることができました。
　デザインを担当いただいた高橋揚一氏には，数々の注文に真摯に対応していただき有難うございました。
　皆様のご協力，ご親切に感謝申し上げます。
　最後になりましたが，井上書院会長・井上瑩子氏および社長・関谷勉氏には，長年にわたりおつきあいいただき，三部作までご協力いただき，誠にありがとうございました。

2010年4月　　長谷川清之

参考文献

『フィンランドの木造民家』　長谷川清之，井上書院，1987
『スウェーデンの木造民家』　長谷川清之，井上書院，2006
『西洋木造建築 HOLZBAUKUNST』　ハンス・ユルゲン・ハンゼン編　白井晟一研究所訳編，形象社，1975
『木の民家 ヨーロッパ』　二川幸夫，鈴木旬，A.D.A EDITA Tokyo，1978
『SD：特集・もうひとつの木の空間』　須山義幸、鹿島出版会，1972.7〜1981.8
『風土に生きる建築』　若山滋，鹿島出版会（SD選書），1983
『ロシアの木造建築』　A.B.オポローヴニコフ，坂内徳明訳，井上書院，1986
『ヨーロッパの木造建築』　太田邦夫，講談社，1985
『東ヨーロッパの木造建築』　太田邦夫，相模書房，1988
『世界の木造建築』　ウィル・プライス，グラフィック社，2005
『ノルウェーのデザイン』　島崎信，誠文堂新光社，2007
『北欧社会の基層と構造1北欧の世界観』　K.ハストロプ他編，菅原邦城他訳，東海大学出版会，1996
『北欧社会の基層と構造2北欧の自然と生業』　K.ハストロプ他編，熊野聡他訳，東海大学出版会，1996
『北欧社会の基層と構造3北欧のアイデンティティ』　同上
『世界の歴史と文化　北欧』　百瀬宏，村井誠人監修，新潮社，1996
『世界各国史21 北欧史』　百瀬宏，熊野聡，村井誠人編，山川出版社，1998
『ノルウェーの歴史』　Ø.ステーネシェン，I.リーベク，岡沢憲夫監訳，小林宏美訳，早稲田大学出版部，2005
『目で見る世界の国々39・ノルウェー』　G.Bratvold，後藤安彦訳，国土社，1996
『世界の地理6　北ヨーロッパ』　田辺裕監修，朝倉書店，1997
『ノルウェー　フィヨルドの旅』　村上よしゆき，NTT出版，1998
『ヨーロッパの民族学』　ジャン・キュイズニエ，樋口淳他訳，白水社，1994
『ヴァイキング－海の王とその神話』　イブ・コア，谷口幸男監修，創元社，1993
『ヴァイキングの知恵　Havamal』　谷口幸男訳，GUDRUN，1994
『ヴァイキングの暮らしと文化』　レジス・ボワイエ，持田智子訳，白水社，2001
『歴史体験シリーズ　バイキング』　J.D.クレア，ドミニク・トウェドル，同朋社出版，1994
『エッダ－古代北欧歌謡集』　新潮社，1973
『アイスランド サガ』　谷口幸男訳，新潮社，1979
『北欧神話』　H.R.エリス・デイヴィッドソン，米原まりこ・一井和子訳，青土社，1992
『北欧神話の世界・神々の死と復活』　アクセル・オルリック，尾崎和彦訳，青土社，2003
『火の精神分析』　G.バシュラール，前田耕作訳，せりか書房，1999
『「歓待」の精神史－北欧神話からフーコー，レヴィナスの彼方へ』　八木茂樹，講談社選書メチエ，2007
『ノルウェーの民話』　P.C.アスヴョルンセン＋J.P.モー，米原まりこ訳，青土社，1999
『トロル・TROLL』　Th.Kittelsen，P.E.ボルケ編，SFG，
『ノルゲ　Norge』　佐伯一麦，講談社，2007
『風土』　和辻哲郎，岩波書店，1935
『聖と俗』　ミルチャ・エリアーデ，風間俊夫訳，法政大学出版局，1969
『かくれた次元』　エドワード・ホール，日高敏隆・佐藤信行訳，みすず書房，1970
『人間と空間』　オットー・F・ボルノウ，大塚恵一他訳，せりか書房，1978
『結界の構造』　垂水稔，名著出版，1990

『NORGES ARKITEKTURHISTORIE』　Arne Gunnarsjaa, Abstrakt forlag as, 2006
『STAV OG LAFT I NORGE』　Christian Norberg-Schulz, Norsk arkitekturforlag-Oslo, 1990
『NORWEGOAN WOOD』　Jerri Holan, Rizzoli NewYork, 1990
『STAV CHURCHES IN NORWAY』　Gunnar Bugge, Dreyers Forlag A/S, 1983
『Norways Stave Churches』　Thomas Thiis-Evensen, BOKSENTERET, 1993
『Fruhe skandinavische Holzhäuser』
Thérése und Jean-Marie Bresson, Beton-Verlag GmbH, 1981
『KNUTTIMRING I NORDEN』　Göran Rosander, Dalarnas Museum, Falun, 1986
『Bygge og bo i Nord-Østerdalen』　Amunel Spangen, Bonytt A.S. Oslo, 1993
『Hus og husbygging i Romsdalen』　Løve Stokke, Romsdalsmuseet, Molde, 1997
『HUS VAR PÅ LANDET I GAMLE DAGER ?』
Åse Enerstvedt, EIDE FORLAG, Bergen, 2001
『Mellom øst og vest』　Claus Lindstrøm, Bergen, 2002
『Årbok for Nord-Østerdalen 2006』　Nordøsterdalsmuseet, 2006
『Byggnadstraditioner i gränstrakter』　JAMTLI, Jämtlands Läns Museum, 2007

著者略歴

長谷川清之（はせがわせいし）

1941年	静岡県下田市出身
1965年	日本大学芸術学部美術学科卒業
	建築・インテリアデザイン（現，建築デザインコース）専攻
同 年	日本大学芸術学部美術学科特別研究生として勤務
1968年	建築設計事務所勤務後，建築設計事務所主宰
1970年	日本大学芸術学部美術学科助手　講師・助教授を経て
1988年	日本大学芸術学部美術学科教授
1993年	日本大学大学院芸術学研究科教授
1998年	日本大学芸術学部デザイン学科教授
2002年	日本大学芸術学部デザイン学科教授　退職
	建築設計，北欧民家・木造建築調査・研究を継続　現在に至る

会　員	日本建築学会，北欧文化協会，北欧建築・デザイン協会
作　品	蓼科の別荘，所沢の家（新建築・1982.8），入間の家　他
著　書	『フィンランドの木造民家』（井上書院・1987）
	『スウェーデンの木造民家』（井上書院・2006）
共著書	『木瓦と葱ぼうず』（INAX・1992）
	『世界のログハウス』（山と渓谷社・1992）
	『世界の建築・街並みガイド2』（エクスナレッジ・2003）
	『LITTLE BIG HOUSES』（Building Information Ltd・FIN. 2001）

JCOPY 〈(社)出版者著作権管理機構 委託出版物〉
本書の無断複写は著作権法上での例外を除き禁じられています。複写される場合は，そのつど事前に，(社)出版者著作権管理機構（電話03-3513-6969，FAX03-3513-6979，e-mail：info@jcopy.or.jp）の許可を得てください．

ノルウェーの木造民家［丸太組積造の世界］

2010年6月10日　第1版第1刷発行

著　者	長谷川清之©
発行者	関谷　勉
発行所	株式会社井上書院
	東京都文京区湯島2-17-15　斎藤ビル
	電話(03)5689-5481　FAX(03)5689-5483
	http://www.inoueshoin.co.jp
	振替00110-2-100535
装幀・レイアウト	高橋揚一
印刷所	美研プリンティング株式会社
製本所	美研プリンティング株式会社

ISBN978-4-7530-1434-7　C3052　　　　Printed in Japan

SVENSK TIMMERBYGGNADSKULTUR STUGA OCH GÅRDEN
スウェーデンの木造民家

長谷川清之　A4変形判（上製）・168頁　定価**8400**円

木材資源豊かなスウェーデンに残る原型的・特徴的な木造民家について，現地で実施した丹念な調査結果に基づき詳解。地域で異なる木材組積構法・軸組構法といった構造上の特徴や，さまざまに存在する平面プラン，またこれらの建物あるいは空間と，歴史・風土・人々の生活など文化的側面との密接な関わりにいたるまで，実測図および写真を交えてアプローチする。

【主な内容】風土と歴史／構法と空間（木材組積構法・軸組構法）／スウェーデン民家の空間的特徴／各地の民家（北極圏・「冬の北欧」地域・「夏の北欧地域」・島嶼部）

SUOMALAINEN PUU RAKENTEINEN TALONPOIKAISTALO
フィンランドの木造民家　丸太組積造の世界

長谷川清之　A4変形判（上製）・170頁　定価**9975**円

フィンランドには，木を無駄なく丸ごと生かすことにその特徴を見てとることができる丸太組積造の詳細を今に伝える原型的な木造民家が今でも現存している。これらの広範かつ丹念な調査に基づく実測図や写真により，空間的特徴を細大もらさず紹介。単に建築書の枠を超え，建物を通して風土・歴史，また人間の関わり方までうかがわせる文化人類学的性格をも備えた書。

【主な内容】フィンランド各地の木造民家／フィンランドの民家の特徴／木造民家の空間構成／丸太組積造の材料と構造／丸太組積造の工法と道具

РУССКОЕ ДЕРЕВЯННОЕ ЗОДЧЕСТВО
ロシアの木造建築　民家・付属小屋・橋・風車

А.В.オポローヴニコフ，坂内徳明訳　B4変形判（上製）・322頁　定価**15750**円

北方ロシア各地に残るさまざまな型の農家，納屋，穀物小屋，家畜小屋，水車小屋，風車小屋，狩猟用の小屋，また橋や柵にいたるまでのあらゆる木造建造物について，その構造や歴史を実に詳しく語る。さらに暖炉，階段，窓，唐破風，棟飾りなど特徴的なディテールも加え，風雪の歴史を生き抜いた村と建物の姿と暮らしを，300余枚の写真と図を通して紹介した労作。

【主な内容】北ロシアの村／農家／屋敷内の建物と橋／風車小屋と狩猟小屋／建築のディテール（ロシア式暖炉の諸タイプ・煙突・玄関口・窓の諸タイプ・持ち送り）

ILLUSTRATED HANDBOOK OF VERNACULAR ARCHITECTURE
イングランドの民家

R.W.ブランスキル，片野博訳　A5判・234頁　定価**3150**円

イギリスの民家建築の形態，構造などの特徴を，そこでの生活や文化，気候，風土，歴史といった背景をもとに，数多くの写真と詳しいイラストを，だれにでも理解できるよう見開きにまとめた図解ハンドブック。建築史学のみならず，社会学，地誌学，民俗学その他さまざまな分野からの研究成果を指標に，わが国の「民家」への視点の捉え方を再認識させる一冊。

【主な内容】序論／壁：構法と材料／屋根：形，構法，材料／平面・断面形態／建築のディテール／農村建築：概説／都市の民家と家内工業建築／比較と結論

＊上記価格は，消費税5％を含んだ総額表示となっております。